江苏高校"青蓝工程"资助
江苏高校优势学科建设工程四期项目资助

乡村振兴背景下
江苏体育非物质文化遗产活态传承研究

周亚婷 著

东南大学出版社
SOUTHEAST UNIVERSITY PRESS
·南京·

图书在版编目(CIP)数据

乡村振兴背景下江苏体育非物质文化遗产活态传承研究 / 周亚婷著. —南京：东南大学出版社，2023.12
ISBN 978-7-5766-1181-6

Ⅰ.①乡… Ⅱ.①周… Ⅲ.①体育文化-非物质文化遗产-研究-江苏 Ⅳ.①G812.753

中国国家版本馆 CIP 数据核字(2023)第 255255 号

策划编辑:张丽萍　责任编辑:陈佳　责任校对:子雪莲　封面设计:毕真　责任印制:周荣虎

乡村振兴背景下江苏体育非物质文化遗产活态传承研究

著　　者	周亚婷
出版发行	东南大学出版社
出 版 人	白云飞
社　　址	南京市四牌楼2号　邮编:210096　电话:025-83793330
网　　址	http://www.seupress.com
电子邮件	press@seupress.com
经　　销	全国各地新华书店
印　　刷	广东虎彩云印刷有限公司
开　　本	700mm×1000mm　1/16
印　　张	11.5
字　　数	212千字
版　　次	2023年12月第1版
印　　次	2023年12月第1次印刷
书　　号	ISBN 978-7-5766-1181-6
定　　价	36.00元

(本社图书若有印装质量问题,请直接与营销部联系。电话:025-83791830)

目录 Contents

第一章 绪论 ·· 001

第一节 研究缘起 ·· 002
一 乡村振兴与体育非物质文化遗产之间的关系 ············ 002
二 江苏体育非物质文化遗产活态传承的现有挑战 ········ 004
三 乡村振兴背景下江苏体育非物质文化遗产活态传承问题的提出
　　·· 006

第二节 国内外相关研究的学术梳理 ···································· 008
一 国内相关研究的学术梳理及研究动态 ···················· 008
二 国外相关研究的学术梳理及研究动态 ···················· 009
三 国内外相关研究评述 ··· 010

第三节 研究的对象、方法与思路、价值 ······························ 011
一 研究对象与方法 ··· 011
二 研究思路与价值 ··· 012

第四节 研究的重难点、核心观点与主要目标 ······················· 014
一 研究的重难点 ·· 014
二 研究的核心观点 ··· 014
三 研究的主要目标 ··· 015

第二章　乡村振兴战略与体育非物质文化遗产活态传承的理论分析 …… 017

第一节　乡村振兴战略与体育非物质文化遗产关系的理论分析 … 018
一　乡村振兴战略为体育非物质文化遗产活态传承提供了社会条件和制度基础 ……………………………………………………… 018
二　体育非物质文化遗产活态传承为乡村振兴战略实施提供源头活水 ……………………………………………………………………… 022

第二节　体育非物质文化遗产活态传承的基础理论研究 ………… 026
一　体育非物质文化遗产活态传承的基本理论构建 …………… 026
二　体育非物质文化遗产活态传承需要厘清和处理的关系 …… 033

第三章　江苏体育非物质文化遗产传承现状与对策 ……………… 049

第一节　江苏体育非物质文化遗产传承现状 ……………………… 050
一　文化体育部门重视对体育非物质文化遗产的挖掘整理,并能进行有效的保护 ……………………………………………………… 050
二　注意对体育非物质文化遗产的传承推广,并在学校和社会两方面发力 ………………………………………………………………… 063
三　重视对体育非物质文化遗产的传承人保护,并鼓励和安排师徒结对传承 ………………………………………………………………… 065

第二节　江苏体育非物质文化遗产传承的主要问题 ……………… 068
一　体育非物质文化遗产传承人年龄偏大、队伍断层现象严重 …………………………………………………………………………… 068
二　体育非物质文化遗产的社会宣传和展示不够 ……………… 070
三　传承基地建设较为薄弱,体育非物质文化遗产生存环境需要改善 …………………………………………………………………… 077

第四章　乡村振兴背景下江苏体育非物质文化遗产活态传承的机制 …… 087

第一节　江苏体育非物质文化遗产生态全域保护的机制及其运行 … 088
一　体育非物质文化遗产生态全域保护的理念 ………………… 088

二　体育非物质文化遗产生态全域保护的制度安排 …………… 089

　　三　体育非物质文化遗产生态全域保护的机制运行 …………… 092

第二节　江苏体育非物质文化遗产市场适用机制及其运行 ………… 095

　　一　体育非物质文化遗产市场适用机制 ………………………… 095

　　二　体育非物质文化遗产市场供求机制及运行 ………………… 095

　　三　体育非物质文化遗产市场竞争机制及运行 ………………… 098

　　四　体育非物质文化遗产文化市场价格机制及运行 …………… 101

第三节　江苏体育非物质文化遗产政策保障机制及其运行 ………… 105

　　一　项目传承的政策保障机制及其运行 ………………………… 105

　　二　经费投入的政策保障机制及其运行 ………………………… 111

　　三　融合发展的政策保障机制及其运行 ………………………… 115

第四节　江苏体育非物质文化遗产社会传播机制及其运行 ………… 118

　　一　体育非物质文化遗产社会传播行为 ………………………… 118

　　二　体育非物质文化遗产社会传播过程 ………………………… 120

　　三　体育非物质文化遗产社会传播系统 ………………………… 122

第五章　乡村振兴背景下江苏体育非物质文化遗产活态传承的路径 …… 123

　　一　优化文化生态环境，实现整体性保护 ……………………… 124

　　二　落实归口管理，给予特殊政策和制度倾斜 ………………… 126

　　三　形成乡村品牌特色，助力乡村经济发展 …………………… 130

　　四　深入挖掘文化内涵，打造美丽乡愁记忆 …………………… 132

第六章　研究结论 ……………………………………………………… 135

　　一　乡村振兴与体育非物质文化遗产活态传承可以相互促进、共同发展 …………………………………………………………… 136

　　二　体育非物质文化遗产活态传承需要厘清和处理好五种关系 … 136

　　三　乡村振兴背景下江苏体育非物质文化遗产活态传承面临新的挑战 …………………………………………………………… 136

  四 乡村振兴背景下江苏体育非物质文化遗产的活态传承需要在机制上有所突破 ······ 137

主要参考文献 ······ 138

附录一 江南船拳江苏省级代表性非物质文化遗产传承人吴文祖访谈 ··· 145

附录二 江苏省非物质文化遗产相关政策 ······ 153

  关于推进非物质文化遗产与旅游深度融合发展的实施意见 ······ 154

  关于建设非遗助力乡村振兴的实施意见 ······ 158

  江苏省级非遗工坊申报设立指南 ······ 161

  江苏省无限定空间非遗进景区工作指南(试行) ······ 163

  江苏省无限定空间非遗进景区示范项目评价指标(试行) ······ 165

  江苏省非遗旅游体验基地认定与管理办法(试行) ······ 168

  江苏省非物质文化遗产代表性传承人认定与管理办法 ······ 171

第一章

绪论

第一节 研究缘起

党的十九大报告中将乡村振兴战略作为"我国建设富强民主文明和谐美丽的社会主义现代化强国"的重要内容。在中共中央办公厅、国务院办公厅印发的《关于实施中华优秀传统文化传承发展工程的意见》中,把"发展传统体育,抢救濒危传统体育项目,把传统体育项目纳入全民健身工程"作为建设社会主义文化强国、增强国家文化软实力、为实现中华民族伟大复兴的中国梦的重要途径之一。因此,围绕乡村振兴战略,江苏体育非物质文化遗产如何进行创造性转化、创新性发展是亟待解决的现实问题。体育非物质文化遗产是人类体育文明的记忆载体,乡村振兴战略为体育非物质文化遗产的发展提供了历史性的契机。费孝通先生说:"从基层上看去,中国社会是乡土性的。"[①]体育非物质文化遗产来源于乡村、扎根于乡村,是乡村文化的产物。如何在国家新的发展战略下,有效地保护和传承体育非物质文化遗产,是时代的命题,也是中国体育工作者的使命。

一 乡村振兴与体育非物质文化遗产之间的关系

首先,乡村振兴战略为体育非物质文化遗产活态传承提供了新的契机。非物质文化遗产是人类口传心授、世代相传的活态流变的无形文化遗产,是一个民族的精神家园,代表着一个民族的文化精神。体育非物质文化遗产是非物质文化遗产的重要组成部分,蕴含着中华民族特有的体育精神和思维方式,以及身体文化观和想象力。非物质文化遗产产生于中国传统社会,是在漫长的农耕物质文化生产和生活的基础上逐渐形成并发展的。但进入现代社会后,人们的生产方式、生活方式、生存环境都发生了翻天覆地的变化,非物质文化遗产包括体育非物质文化遗产的保护与传承也面临着新的挑战。进入新时代,党中央提出乡村振兴战略,虽然主要是为了解决农业农村现代化的问题,但同时为体育非物质文化遗产

---

① 费孝通. 乡土中国[M]. 上海:上海人民出版社,2006:5.

的保护和传承提供了新的发展契机。例如,2018年9月26日,中共中央、国务院印发了《乡村振兴战略规划(2018—2022年)》,其中明确提出"完善非物质文化遗产保护制度,实施非物质文化遗产传承发展工程"[①];2021年4月29日第十三届全国人民代表大会常务委员会第二十八次会议通过的《中华人民共和国乡村振兴促进法》中提出各级人民政府应当采取措施保护农业文化遗产和非物质文化遗产,挖掘优秀农业文化深厚内涵,弘扬红色文化,传承和发展优秀传统文化。由此可以看出,国家高度重视非物质文化遗产保护工作,因而在乡村振兴战略中保护非物质文化遗产,本就是应有之义。在乡村振兴战略中,文化振兴是关键。体育非物质文化遗产则是乡村文化最具特色、识别度最高的部分,是乡村民众所创造、享用和传承的活动类(或称游艺类)生活文化及社会文化传统。该文化与当地民众的宗教活动、生产活动、纪念活动、社交活动、文化娱乐活动,以及岁时活动等都存在较为密切的内在联系,是一种带有政治的、经济的、艺术的、宗教的、民族的、心理的乃至自然的多重因素的综合文化事象[②]。从体育非物质文化遗产所蕴含的丰富文化内涵和乡村振兴政策红利来看,在乡村振兴战略背景下讨论体育非物质文化遗产的保护和传承是我们未来面临的重要课题。

其次,体育非物质文化遗产为乡村振兴战略注入新活力。中国共产党第十九次全国代表大会报告中对实施乡村振兴提出了"产业兴旺、生态宜居、乡风文明、治理有效、生活富裕"五位一体的总要求。体育非物质文化遗产的活态传承与乡村振兴战略"同频共振"。其具体表现为:第一,产业兴旺是乡村振兴的重点。体育非物质文化遗产是一种特殊的身体文化,有着丰富的可开发资源。例如,被列为江苏省国家级体育非物质文化遗产的溱潼会船近年来在旅游上不断做加法,在2023年中国泰州姜堰溱潼会船节上共推出"旅游+节庆""旅游+经贸""旅游+康养""旅游+文化"四大类系列活动,其中涵盖万朵古山茶观赏节、"双河"水上观光游览启动仪式、"中国姜堰黄龙士亚洲杯"女子围棋赛、"堰上花开"乡村旅游节、溱湖湿地音乐节等精彩纷呈的活动,全域出彩,全业融合,全民狂欢,充分发挥了旅游"一业兴、百业旺"的蝴蝶效应。溱潼会船节坚持以"船"为核心,通过以船为媒、以船会友、以船招商,把会船节办成融交友、招商、引资

---

① 中共中央国务院. 乡村振兴战略规划(2018—2022年)[EB/OL]. (2018-09-26)[2021-12-01]. http://www.gov.cn/zhengce/2018-09/26/content_5325534.htm.
② 白晋湘,万义,白蓝. 乡村振兴战略背景下村落体育非物质文化遗产保护的治理研究[J]. 北京体育大学学报,2018,41(10):1-7.

为一体的促进经贸交流和对外协作的媒介载体;另一方面,将船文化和旅游业相结合,不断做强做大文化旅游产业,最终实现姜堰地区跨越式发展①。第二,乡风文明是乡村振兴的关键。乡风文明的本质是弘扬社会主义先进文化、保护和传承中华优秀传统乡土文化②。中国的传统文化在乡村,体育非物质文化遗产的根基在乡村,充分发挥体育非物质文化遗产所蕴含的历史、文化、教育等价值,维护乡村文明、和谐的发展,由此来达到乡村治理。例如,江苏省国家级体育非物质文化遗产直溪巨龙是当地的一项重要民俗体育活动,参与人员通过配合,灵活运用步伐、手、身体来展现龙愉悦、欢快、嬉戏的神态及各种动作,其最具特色的是用龙摆出"天下太平"四个大字,表达了直溪镇巨村人们的美好愿望③。此外,在存放龙和器材的房间里放有简单的祭祀物品,表达了对龙的尊重和敬仰。这些祭祀仪式和文化程式,从内心唤起族群成员的宗教意识与乡土情怀,增强了乡村人民的凝聚力,丰富了他们的精神文化生活。

二 江苏体育非物质文化遗产活态传承的现有挑战

1. 代际传承问题凸显

体育非物质文化遗产是以运动项目为载体的一种"活态"文化,以身口相传作为文化链而得以传承,所以人是体育非物质文化遗产传承的灵魂。由于现代西方体育的冲击以及供人们选择的体育项目众多,大部分青年人对体育非物质文化遗产项目不仅不熟知,也不愿意参与。根据江宁县志的统计资料显示,在20世纪80年代中期殷巷参与石锁运动的人群达到1.8万人,到90年代中期降到1.1万人,而到了2005年人数降到0.4万人,2009年殷巷石锁参与人群更是降低到了0.15万人④。殷巷虽然从2009年开始举办各种石锁比赛,规模越办越大,近年来已上升到全国级别,参赛人数达到千余人,但比赛始终停留在民

---

① 王程.江苏非物质体育文化遗产资源开发的产业化路径:以溱潼会船为例[J].南京体育学院学报(社会科学版),2011,25(4):48-50.
② 孔祥智,等.乡村振兴的九个维度[M].广州:广东人民出版社,2018:118.
③ 李平.中国体育非物质文化遗产:江苏卷[M].兰州:甘肃教育出版社,2018:3.
④ 顾海勇.非物质文化遗产"殷巷石锁"的传承与保护[J].成都体育学院学报,2012,38(7):57-59.

间体育自娱自乐的层面,原因是殷巷石锁暂时还没有一个正式的竞赛规则和相应的竞赛裁判法,导致了殷巷石锁的进一步推广受阻。引发体育非物质文化遗产项目传承人短缺或后继无人现象的因素是多方面的,有城市化带来的巨大冲击,也有现代人生活方式的改变等。但是体育非物质文化遗产自身所存在的特殊性也是一个重要的原因,与其他非物质文化遗产项目不同,体育非物质文化遗产更多表现为公益性主体。也就是说其技艺的活态传承更多地表现为公共服务性,这就导致了体育非物质文化遗产项目传承人的生产性自救功能缺乏或不足。所以传承人更多的贡献是在对项目的公益推广,而对于个人的经济收益贡献却较为薄弱。因此从这个意义上说,体育非物质文化遗产传承人更需要社会或政府在经济政策方面的特殊照顾和扶持。

2. 场地、器具得不到有效保障

体育非物质文化遗产有别于其他非物质文化遗产项目,其练习、展演等均需要一定的场地设施和器具。2004年,江苏省财政厅、文化厅下发了《江苏省民族民间文化保护工程专项补助经费使用管理办法》(苏财教〔2004〕178号)。2012年8月及2018年10月,江苏省财政厅、文化厅又先后对其进行了修订,印发了《江苏省非物质文化遗产保护专项资金使用管理办法》,省级代表性传承人每年补助0.8万元。虽然江苏省近些年对非物质文化遗产项目和传承人的资助逐年增加,但由于资金问题产生的场地、器具无法保障仍旧是亟须解决的问题。如,省级项目邳州舞狮就面临着缺少场地和经费的困境。目前邳州舞狮没有专门的场地设施,舞狮所需器材均是放置在传承人的家里,且练习场地只是传承人家门口的空地。

3. 体育非物质文化遗产生活化转向尚未形成

体育生活化是促进体育更广泛、可持续发展的重要学术命题。体育生活化不仅加大了体育发展的群众基础,而且还逐渐改变着人们的生活方式。体育非物质文化遗产生活化所强调的是让体育非物质文化遗产不断融入乡村百姓的普通生活,在勾起人们对乡村历史文化记忆的同时,也使体育非物质文化遗产能更好地扎根于乡村、扎根于民间,从而薪火相传、生生不息。目前,江苏省体育非物质文化遗产的保护和传承力度不断加大,利用互联网等现代传播途径不断增强,但始终没有成为当地民众喜闻乐见、强身健体和娱乐交往的手段。

2021年8月,中共中央办公厅印发《关于进一步加强非物质文化遗产保护工作的意见》,其中提到"推动传统体育、游艺纳入全民健身活动"[①]。体育非物质文化遗产蕴含着丰富的健身价值,通过创造性转化和创新性发展,在深入挖掘体育非物质文化遗产的健身功能的同时,将其融入人们的日常生活中,不断增强人民群众的参与感、认同感,最终促进社会主义精神文明建设。

三 乡村振兴背景下江苏体育非物质文化遗产活态传承问题的提出

首先是如何优化文化生态环境、实现整体性保护问题。良好的生态环境是确保体育非物质文化遗产活态传承的重要基础。从江苏省的实际情况出发,可以考虑将社会影响较大的省级以上体育非物质文化遗产项目设立专门的生态保护角,让体育非物质文化遗产项目在文化生态保护的大环境中得到更好的整体性保护。

其次是如何形成乡村品牌特色、融入民众日常生活问题。如何在乡村振兴的背景下,使体育非物质文化遗产能逐渐形成良性发展的文化产业,助力乡村的经济发展,并以此为基础,对相应的体育非物质文化遗产项目进行更好的生产性保护,是非常重要的研究课题。这种生产性保护,一方面是将体育非物质文化遗产项目融合到乡村文化建设的内容中来,以不断满足乡村居民日益增长的体育文化需求和身心锻炼的需要;另一方面,则是将体育非物质文化遗产项目打造成乡村特有的文化品牌,通过品牌效应直接拉动乡村经济发展。

最后是如何深入挖掘文化内涵、打造美丽乡愁记忆问题。体育非物质文化遗产源远流长、灿烂辉煌,积淀着中华民族体育精神最深沉的追求,有着中华民族体育精神独特的印记与标识。深入挖掘体育非物质文化遗产丰厚的文化内涵,使之树立起与五千年中华文明相匹配的文化自信和文化认同,以更好地保护、传承与弘扬体育非物质文化遗产,是进行体育非物质文化遗产活态传承的重要保障。

---

① 中共中央办公厅,国务院办公厅.关于印发《关于进一步加强非物质文化遗产保护工作的意见》[EB/OL].(2021-08-12)[2022-12-01]. http://www.gov.cn/gongbao/content/2021/content_5633447.htm.

总之,党的十八大报告把"美丽中国"作为生态文明建设的宏伟目标;中央城镇化工作会议提出"依托现有山水脉络等独特风光,让城市融入大自然,让居民望得见山、看得见水、记得住乡愁"①。这种国家性的导向为体育非物质文化遗产的活态传承与乡村振兴架起了桥梁。我们的研究目的就是如何在乡村振兴背景下,结合江苏体育非物质文化遗产生成、发展的环境,使江苏省的体育非物质文化遗产能够在人民群众生产、生活过程当中进行更好的保护、传承与发展,从而让江苏体育非物质文化遗产真正实现活化建设、活化利用和活化传播,使体育非物质文化遗产的活态传承与江苏省的乡村振兴战略能够高度地融合发展,从而实现合作共赢!

---

① 新华网. 让城市融入大自然[EB/OL]. (2015-08-17)[2021-11-12]. http://www.xinhuanet.com/politics/2015-08/17/c_128134488.htm.

国内外相关研究的学术梳理

一 国内相关研究的学术梳理及研究动态

1. 乡村振兴战略的学术梳理

关于乡村振兴战略,国内研究主要涉及乡村文化、乡村治理、产业振兴等领域。(1)乡村文化研究。习近平总书记多次强调:乡村文明是中华民族文明史的主体,村庄是这种文明的载体,耕读文明是我们的软实力。王宁、胡剑南、戚晓明、曹立等都对乡村振兴战略下的乡村文化有相关研究,他们认为文化振兴是乡村振兴的"固本之道",只有通过乡村文化振兴,唤醒乡村沉睡的文化资源,赋予乡村生活意义感、幸福感、快乐感,讲好村民自己的生活故事,才能凸显乡村文化振兴的价值与意义,绘就乡村振兴的美好蓝图。(2)乡村治理研究。乡村治理体系是国家治理的重要组成部分,要实现乡村振兴,必须完善和发展乡村治理体系。尹广文、张新文、张志明、鞠昌华等的主要研究包括乡村治理体系的建立、治理模式、新乡贤参与治理等视角。(3)产业振兴研究。产业振兴是乡村振兴战略的最终目标,只有激发农村经济发展的内在活力才能带动农民脱贫致富,实现人们对美好生活向往的现实追求。马丽薇、刘海洋、耿松涛等主要观点认为为了加快乡村的产业振兴,在基层方面需要加快制定乡村振兴规划,在顶层设计方面需要加快出台相应政策。

2. 体育非物质文化遗产保护与传承的学术梳理

国内研究主要涉及体育非物质文化遗产保护与传承困境、创新路径等领域。(1)体育非物质文化遗产保护与传承的困境研究。体育非物质文化遗产保护与传承困境是近年来学者主要关注的焦点问题,万义、刘晖、崔乐泉等认为传统体育的非物质文化遗产面临着保护意识淡薄、传承人断层、继承者和参与者减少、保护力量单一等困境。(2)体育非物质文化遗产保护与传承的创新机制研究。结合新时代现状,学者们从体育非物质文化遗产的数字化、活态化等视角展开研究。崔家宝认为活态传承是我国体育非物质文化遗产传承与保护工作的新定位和新方向。白晋湘提出了我国体育非物质文化遗产保护的生态补偿理念,他认为生态补偿原理和方法的引入,会让人的价值在体育非物质文化遗产研究中得到很好的呈现。陈小蓉认为应通过资源数据库的创建来保护和传承我国体育非物质文化遗产。高亮、张学军、陈炜、白晋湘等认为体育非物质文化遗产项目的生存空间——村落发生了巨大的变化。体育非物质文化遗产项目的发展应积极融入村落现代化的建设之中,才能不被时代所淘汰。

二 国外相关研究的学术梳理及研究动态

国外相关研究主要介绍:(1)乡村振兴的经验探索。如英国、美国等先行工业化国家,为了解决市区人口密度过高和交通拥堵等问题,同样推行了乡村建设,出台了美国新城镇开发建设、英国农村中心村建设和法国"农村振兴计划"等[1]。(2)体育非物质文化遗产理论的建构研究。美国在探究体育非物质文化遗产理论构建方面起步较早,史密森尼的民俗和文化遗产中心成立于1967年,他也是最早对体育非物质文化遗产研究的专家。这个研究机构主要从事传统知识及艺术的研究、展览与保护工作,著名的史密森尼民俗节就是由这个中心举办的。K. Richard认为,物质文化遗产与非物质文化遗产在实行中的分离和各自领域的分割削弱了非物质文化遗产保护时间的有效性。R. Nettleford针对体育非物质文化遗产迁移现象,分析了在迁移中造成的遗产流失、衰亡原因,并提出了相应的解决路径。(3)体育非物质文化遗产传承经验性研究。L. Kong从个案的实证出发,运用田野调查法从不同角度阐述文化全球化对体育非议的危害,他指出各民族应从自身实际出发,促使本民族文化适应新时代要求。日本等在体育非物质文化遗产传承方面形成了相对成熟的理论体系,受到了国外学者的关注,如M. Shimada认为,日本Soma-Nomaoi(相马野马追)的成功传承主要得益于控制机制的规范化,在保护传承人、保存项目形式的同时对项目内容进行了必要的调整。

---

[1] Liu Y S, Li Y H. Revitalize the world's countryside[J]. Nature, 2017, 548: 275-277.

三 国内外相关研究评述

国内外研究成果对本研究的开展提供了重要的基础,有的拓宽了研究视域,有的借鉴了国外经验。体育非物质文化遗产的传承需要发挥市场作用,以市场手段增强体育非物质文化遗产的生命力,同时需要政府的各种保障,提高体育非物质文化遗产在文化中的地位。国外研究注重市场机制,善于运用发挥市场优势建立保护机制,实现体育非物质文化遗产的经济价值,最终实现体育非物质文化遗产的经济链,促进经济发展。国内的研究侧重于以政府为中心构建非物质文化的传承机制,这是因为我国非物质文化遗产属政府管理,体育非物质文化遗产的申请也需要严格审批,因而政府是体育非物质文化遗产的管理主体,所以体育非物质文化遗产离不开政府的支持,在传承机制上也与国外略有不同。同时发现,从乡村振兴背景和体育非物质文化遗产活态性传承的内在机制去探讨乡村振兴如何为体育非物质文化遗产提供活态传承的新思路和体育非物质文化遗产如何助力乡村振兴的研究比较鲜见。体育非物质文化遗产作为一种文化形态,在乡村经济和文化发展中具有重要的地位,党和政府也将乡村振兴战略作为经济发展的重要举措,因此,在此背景下探讨体育非物质文化遗产的传承与保护具有重要意义,也能促进乡村振兴战略的有效落实。

第三节
研究的对象、方法与思路、价值

一 研究对象与方法

1. 研究对象

本研究以江苏省体育非物质文化遗产活态传承为研究对象,试图通过在乡村振兴背景下,对江苏省体育非物质文化遗产活态传承进行系统分析,进而更好地传承江苏省体育非物质文化遗产。因此,需要对江苏省体育非物质文化遗产传承的现状和发展困境进行实地调研,以乡村振兴的政策导向为方向标,对江苏省体育非物质文化遗产活态传承路径进行理论探讨,为新时代江苏省体育非物质文化遗产可持续发展提供政策建议,实现乡村振兴的制度红利,推动文化的发展与繁荣。

2. 研究方法

(1) 文献分析和实地调研

在国内外学术网站查阅近10年来非物质文化遗产传承及乡村振兴战略发展路径等相关文献,对两者之间的互动关系及内在机制进行全面分析。制定调研提纲,对江苏省体育非物质文化遗产项目进行田野调查,并获取实证数据。同时,收集管理部门有关促进乡村振兴、非物质文化遗产保护的各项文件。

(2) 跨学科和比较研究

运用体育学、社会学、民俗学等多学科交叉的研究方法,对比体育非物质文化遗产中原生性及活态性传承方式的不同,提出活态性传承方式的主要路径。

(3) 归纳演绎

通过归纳、逻辑演绎的方法分析江苏省体育非物质文化遗产项目发展的现状,探讨体育非物质文化遗产项目传承路径、传承中存在的问题,从乡村振兴视角提出其可持续活态传承路径。

二 研究思路与价值

1. 研究思路

本研究以新时代国家治理观为宏观指导,以江苏省体育非物质文化遗产如何在乡村振兴背景下进行活态传承为问题导向,运用文献资料、田野调查和对比分析等方法,首先,对乡村振兴战略与体育非物质文化遗产活态化传承进行理论分析;其次,对江苏省体育非物质文化遗产传承现状与问题进行剖析;最后,提出乡村振兴背景下江苏省体育非物质文化遗产活态传承的机制与路径。具体研究思路见图1-1。

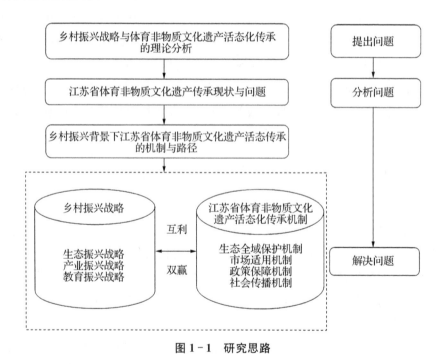

图1-1 研究思路

2. 研究价值

(1)学术价值:在新的时代条件下,如何将根植于乡村的体育非物质文化遗产,通过创造性转变和创新性发展转变为现代工业化社会人们的体育文化需求,并进行有效的保护和传承。依托乡村振兴战略,探索体育非物质文化遗产在现代社会中的生存方式、传播路径和社会服务等。本研究通过明确体育非物质文化遗产活态传承的概念内涵、基本条件及其如何与乡村振兴战略对接,为体育非物质文化遗产的传承提供一个新的理论视角。

(2) 应用价值:"乡村兴,则国家兴;乡村衰,则国家衰"。在乡村振兴战略中,乡村文化复兴是乡村振兴战略的重要支撑,乡村文化复兴的根在于非物质文化遗产的保护与传承。体育非物质文化遗产的活态传承可以助力于乡村振兴战略的实施,同时,乡村振兴战略的实施也为江苏省体育非物质文化遗产活态传承提供了契机。

第四节 研究的重难点、核心观点与主要目标

一 研究的重难点

构建乡村振兴背景下江苏省体育非物质文化遗产活态性传承机制与路径是本研究的重点。体育非物质文化遗产项目的传承路径及保障机制具有战略性、全局性、长期性和复杂性等特点,涉及众多部门、许多学科、多种研究方法,需要在实践调研的基础上,提出具有科学性、创新性和前瞻性的建设路径和保障策略。

乡村振兴战略与体育非物质文化遗产活态传承的互动机制是本研究的难点。两者之间的互动机制需要相关理论的支撑,如要使理论研究的内容系统全面、有新意和有深度,则需要在钻研大量文献资料和实际调研过程中提出具有整体性、层次性、开放性和创新性的发展理论。

二 研究的核心观点

1. 非物质文化遗产的保护和传承已进入到一个全新的阶段,原阶段所强调的本真性和原生态保护已失去其真正意义。区别于其他非物质文化遗产,体育类非物质文化遗产更应该遵循"活态性"的传承方式,激活非物质文化遗产的多样化传承路径。

2. 通过乡村振兴战略,让江苏省体育非物质文化遗产真正实现活化建设、活化利用和活化传播,这就需要政策法规、市场调节、组织保障,以及政府专业管理等手段来完善体育非物质文化遗产的传承路径。

3. 乡村振兴战略和非物质文化遗产活态性传承之间存在着互利、共赢的机制。乡村振兴战略的实施给非物质文化遗产活态化传承提供了土壤,非物质文化遗产的多样性传播助力乡村振兴的发展,为乡村建设注入新活力。

三 研究的主要目标

本研究主要以乡村振兴战略与体育非物质文化遗产活态传承的理论分析、江苏省体育非物质文化遗产传承现状与问题剖析以及乡村振兴背景下江苏省体育非物质文化遗产活态传承的机制与路径为目标。以上目标为江苏省体育非物质文化遗产项目的传承提供新思路：以体育非物质文化遗产项目的活态传承促进非物质文化遗产的可持续发展，促进乡村振兴战略的有效落实。

第二章

乡村振兴战略与体育非物质文化遗产活态传承的理论分析

第一节

乡村振兴战略与体育非物质文化遗产关系的理论分析

一 乡村振兴战略为体育非物质文化遗产活态传承提供了社会条件和制度基础

1. 生态振兴战略为体育非物质文化遗产活态传承夯实了社会基础

生态振兴是乡村振兴的基础性内容,也是乡村振兴的重要支撑。良好的生态环境是乡村的最大优势和宝贵财富。因此,乡村振兴中的生态振兴战略不仅影响到乡村发展的质量,而且关系到乡村居民的生活体验度和他们的幸福感。生态振兴充分体现出以人为本,全面、协调、可持续的发展理念,因而最终实现人与自然的和谐相处。生态振兴战略涵盖了两个最基本的方面:一是乡村振兴中的自然生态振兴战略;二是乡村振兴中的文化生态振兴战略。体育非物质文化遗产活态传承离不开乡村生态文明建设,自然环境是体育非物质文化遗产生存和发展的基础,文化建设为体育非物质文化遗产活态传承释放了更多的生存空间。

首先,体育非物质文化遗产建立在自然生态振兴基础上。美丽中国建设离不开美丽乡村,美丽乡村建设是乡村振兴的发展目标。体育非物质文化遗产的活态传承离不开自然生态环境的保护和发展。例如,江苏省省级体育非物质文化遗产项目江南船拳(以苏州为核心的太湖流域、江南水乡的一种独特拳种),这种独具特色的体育非物质文化遗产项目与当地的自然环境息息相关,如果自然环境遭到破坏,江南船拳也就失去了生存的土壤。

其次,体育非物质文化遗产促进文化生态振兴。若要乡村振兴,文化振兴是关键。通过建立文化生态保护区,以体育非物质文化遗产为载体,实现整体保护,形成人人参与传承中国优秀传统体育文化的局面。如建立体育非物质文化遗产博物馆,举办体育非物质文化遗产表演等方式,可以让更多的人了解、感受、传承体育非物质文化遗产,调动农村居民的文化建设积极性,让体育非物质文化遗产融入人们的日常生活中,以激发市场活力。

总之,乡村振兴中的生态振兴战略,为体育非物质文化遗产文化的活态传承夯实了社会基础、提供了历史机遇、营造了良好的传承与发展环境。

2. 产业振兴战略为体育非物质文化遗产活态传承开拓了市场前景

经济是社会发展的基础,乡村产业振兴是乡村振兴战略中的重要保障,没有乡村的产业振兴就没有乡村经济的发展;相反,经济不发展,乡村振兴就是一个苍白无力的口号。乡村产业振兴的定位是大力发展农村经济,实现现代农业的产业化、规模化。要在全面面向市场、面向未来、面向世界的目标下,实现农业的现代化、品牌化、生态化、效益化。其中发展特色经济又是乡村产业振兴的重要策略,即乡村农业发展需要根据乡村地貌、土壤、气候、水质等情况,发展实时对接市场需求,生产出品质优良、生态环保的特色农产品,坚持走特色发展之路,甚至可以通过推行一乡(或县)一业、一村(或乡)一品的模式,逐渐形成规模农业或品牌农业。

在乡村产业振兴的体制机制上,则主要是探索如何以现代农业产业园、田园综合体、新型农庄、农旅特色小镇、美丽新农村等方式,融合发展现代农业、休闲农业、观光农业、循环农业、农产品加工、农技推广培训、农机农资供应、乡村文化旅游、乡村康养、乡村休闲度假、乡村研学教育、农事体验、乡村运动健身、乡村电商物流、乡村智能科技、乡村农创文创、乡村书院、乡村演艺、乡村会务发展、乡村市集作坊、乡村影视娱乐、乡村餐饮美食、田野乐园、乡村民宿酒店,以及特色种殖养殖等农业二三产业。此外还需探索如何因地制宜、应市场客群需求,融合好关联产业,优化组合好关联业态。在这里,体育非物质文化遗产活态传承也成为其产业振兴的活跃因素。无论是乡村的康养休闲,还是乡村的健身度假,抑或乡村的旅游文创,体育非物质文化遗产均能从中找到适合自己活态传承的发展市场。

在乡村产业振兴的过程中,并不提倡整齐划一的"齐步走",也决不搞全国"一刀切",而是主张试点推行优化农村生产、生活、生态空间布局,在符合国土空间规划和区域乡村产业规划的前提下,通过村庄整治、土地整理等方式,将结余的农村集体建设用地优先用于发展乡村产业项目。这就是说,乡村产业振兴,要依法严守永久基本农田底线,严禁在农村经营性建设用地或产业发展用地上建筑商品住房、豪宅、会所等。农村集体建设用地可以通过入股、租用等方式直接用于发展乡村产业。乡村产业振兴推行村集体、村民、投资运营企业之间共建、共享、共赢的创新合作模式。乡村振兴中的产业振兴，既可以为体育非物质文化遗产的活态传承提供必要的物质基础，也可以为体育非物质文化遗产的活态传承提供广阔的市场发展平台。

3. 教育振兴战略为体育非物质文化遗产活态传承提供了可持续发展的保障

乡村教育振兴是乡村振兴战略中最重要的环节之一。教育既承载着知识传播、塑造灵魂的功能，更为乡村建设提供了人才支撑。乡村振兴最终要靠人才来实现，而人才的培养要靠教育。乡村学校整合了传统道德与现代科技，使得城市的生活方式、教育资源、科技信息、价值信仰、思想理念逐渐进入乡村，为乡村居民所接受和适应，从而培养出既掌握传统乡村文化，又能适应时代发展要求的新型乡村文化人才。所以乡村教育事业的发展在乡村振兴中具有不可替代的基础性作用，不仅成为乡村振兴的重要内容，也成为乡村振兴的重要基础。

在我国，社会的主要矛盾在乡村中最为突出，我国处于社会主义初级阶段的特征在很大程度上的表现也主要是在乡村。这就是说，我国目前国家社会事业发展的重点是在广大农村地区，而广大农村地区发展的重点则应该是教育。有资料表明，2011年我国全面实现"两基"（即基本普及九年义务教育、基本扫除青壮年文盲）后，推进义务教育均衡发展成为教育工作的"重中之重"。到2020年底，全国有2 809个县（含不设区的市、市辖区和国家划定的其他县级行政区划单位，以下统称县）通过国家督导认定，占当时全国总县数的96.8%，如期达到国务院要求。以上数据表明，虽然推进义务教育基本均衡发展取得明显成效，但与党中央、国务院要求和人民群众期待相比，还有较大差距，一些深层次问题亟待破解。一是经费保障难度较大。受国际国内环境影响，各地财政收支矛盾较大，普遍面临经济下行压力，增加义务教育经费投入面临困难，一些省份未能落实教育经费"两个只增不减"的政策原则，存在缓拨、欠拨、挪用义务教育经费的现象。二是办学条件仍有缺口。实现基本均衡后，义务教育学校办学条件总体达标，但未实现校校达标、项项达标，尚有一些学校在教学及辅助用房、体育运动场馆等方面有缺口。受城镇化等因素影响，一些地方农村学校生源大

第二章 乡村振兴战略与体育非物质文化遗产活态传承的理论分析

幅减少,城镇学校随迁子女不断增加,面临"乡村空、城镇挤"的突出矛盾。三是教师队伍有待加强。各省份均不同程度面临教师结构性缺员,存在音乐、体育、美术、信息技术、科学等学科专任教师配备不足。一些地方农村教师住宿、工作、生活条件较差,非在编教师待遇也普遍较低。教师交流轮岗配套政策不完善,未实现常态化。四是育人环境需要改善。各地落实"双减"政策进展不平衡,学生学业负担过重问题需进一步解决。一些地方校园安全责任未压实,涉校涉生安全事件时有发生。家庭教育和学校教育还没有很好地衔接,教育观念转变难,仍存在盲目追求分数、追求升学率的现象[①]。由此说明,"乡村空、城镇挤"的城乡之间的差距仍然存在。这就需要在乡村教育振兴中逐步建立起城乡一体的基本公共教育服务体系,并将推进城乡公共教育服务均等化作为必须优先解决的重大社会发展课题。要按照党的二十大报告的部署,加快义务教育优质均衡发展和城乡一体化,优化区域教育资源配置,强化学前教育、特殊教育的普惠发展,坚持高中阶段学校多样化发展,完善覆盖全学段学生资助体系。那么,乡村教育振兴对于体育非物质文化遗产活态传承的意义在于:第一,体育非物质文化遗产活态传承有了学校这个较为固定的传承基地,使传承发展更有保障;第二,依靠学校的体育非物质文化遗产文化系统知识传播,不仅有利于增进学生对家乡本土体育传统文化的系统了解和掌握,而且能够增强他们对家乡的认同,树立起爱国家、爱家乡的情怀。

乡村教育振兴的首要任务是阻断乡村贫困代际传递。乡村振兴的步伐越是加快,乡村的教育振兴也越是要加强。但需要注意的是,学校在乡村的功能地位不仅仅是教育机构,同时也是重要的乡村传统文化的传承发展基地。乡村的风俗民情、传统道德、文艺精粹等无不借助学校这一平台,通过课堂内外的言传身教影响、教化着学生和青少年,从而在潜移默化中让学校和学生都烙下了乡村文化的印记。同时,也使乡村学校因此成为乡土传统文化教育、传承的重要空间。由此,也为本土的体育非物质文化遗产活态传承提供了重要的基础与可能。

---

① 中华人民共和国教育部. 全国县域义务教育均衡发展 国家督导评估认定有关情况介绍[EB/OL]. (2022 - 06 - 21)[2022 - 12 - 01]. http://www.moe.gov.cn/fbh/live/2022/54598/sfcl/202206/t20220621_639114.html.

二　体育非物质文化遗产活态传承为乡村振兴战略实施提供源头活水

1. 体育非物质文化遗产活态传承，丰富了乡村振兴战略的文化建设内容

乡村振兴既要塑形，也要铸魂，而文化振兴是乡村振兴的魂。乡村文化振兴既是实施乡村振兴战略的重要组成部分，也是加快乡村高质量发展的题中应有之义。文化振兴，不仅为乡村全面振兴提供了文化哺育和支撑，也是乡村振兴的重要动力和灵魂。

体育非物质文化遗产是乡村文化振兴的内容之一，有利于弘扬优秀传统体育文化，为乡村文化振兴注入新的活力。体育非物质文化遗产孕育了丰富的文化内涵，其中包括了依托中国传统文化节日的龙舟竞渡、依赖地域文化特色的江南船拳，以及凸显当地历史底蕴的骆山大龙。

注意挖掘、整理和保护乡村的优秀体育非物质文化遗产资源，弘扬乡村的优秀体育文化传统，并注意有效利用好非物质文化遗产保护法等政策性法律法规，逐步推进体育非物质文化遗产传习基地及展览展示馆建设，保护、展示乡村的体育非物质文化遗产文化记录、文化场所、文化实物等文化资源和记忆；采取抢救性保护、生产性保护等多种方式，加强体育非物质文化遗产的活态传承；积极搭建或借力文化产业博览会、体育非物质文化遗产展示会等会展平台，扩大体育非物质文化遗产和乡村优秀传统文化影响，使古老的体育非物质文化遗产与文化创意产业相结合、与乡村休闲观光旅游相结合，助力乡村产业振兴、脱贫攻坚，筑牢乡村振兴的文化根基。

2. 体育非物质文化遗产活态传承，促进了乡村振兴战略的产业经济发展

乡村振兴的总体目标是按照产业兴旺、生态宜居、乡风文明、治理有效、生活富裕的总要求，建立健全城乡融合发展体制机制和政策体系，加快推进农业农村现代化。在这一过程中通过文明乡风、良好家风、淳朴民风的"三风"建设，焕发出中国乡村文明新气象。而传承和保护体育非物质文化遗产，正是乡村振兴战略中公共文化建设的重要内容，同时也是助力乡村经济可持续发展的重要动力。这是因为体育非物质文化遗产，往往就是一个乡村的重要文化品牌，在乡村振兴战略建设要避免同质化发展的条件下，传承和保护好体育非物质文化

第二章 乡村振兴战略与体育非物质文化遗产活态传承的理论分析

遗产文化项目,无疑就是在坚持自己的文化特色、形成乡村振兴中错位发展的良好格局,使体育非物质文化遗产能逐渐形成良性发展的文化产业,助力乡村的经济发展,并以此为基础,对相应的体育非物质文化遗产项目进行更好的生产性保护,是非常重要的研究课题。这种生产性保护,一方面是将体育非物质文化遗产项目融合进乡村文化建设的内容中,以不断满足乡村居民日益增长的体育文化需求和身心锻炼的需要;另一方面,则是将体育非物质文化遗产项目打造成乡村特有的文化品牌,并通过品牌效应直接拉动乡村经济发展。总之,体育非物质文化遗产活态传承不应该被看作只是项目传承发展的需要,还应该是助力乡村经济发展的重要措施。可以通过对体育非物质文化遗产项目的适当打造,从而逐渐形成体育非物质文化遗产的文化品牌,成为乡村经济振兴发展的某种特色。当体育非物质文化遗产能够走进千家万户,成为人民大众日常生活的一部分内容时,它就能更好地扎根于乡村、扎根于民间。也只有这样,体育非物质文化遗产的活态传承才能建立起健康的良性发展循环,且最终成为具有"造血功能"的完整系统。

3. 体育非物质文化遗产活态传承,强化了乡村振兴战略的区域文化认同

文化认同是一种身份的构建和归属,反映了一种共同体意识,是一个国家或民族得以存在和发展的基础,也是一个国家富有凝聚力的保障。个体由于长期生活在某地或某个民族中所形成的对该区域共同体核心基本价值的认同,是区域或国家认同及民族认同的基础[①]。乡村振兴需要强化居民的文化认同。体育非物质文化遗产的活态传承属于农村公共文化建设事业,是强化区域文化认同的重要载体。农村许多社会问题都归结到一个"散"字,农民缺乏组织带动和联结,没有凝聚力和向心力;缺少利益纽带、情感纽带、互助纽带。因此在坚持和创新乡村治理中,不仅要加强基层党组织的战斗堡垒作用,加强社会主义法治建设,加强民族团结与政治经济民主政策,而且要加强乡村本土的文化传统建设,以强化区域内的文化认同感,提高乡村振兴中的民众凝聚力和向心力。其中,重视对本地区体育非物质文化遗产的挖掘整理与传承发展,无疑能强化乡村社区居民的文化认同,促进乡村振兴工作。其实践途径可通过走入学校和走进社区来完成。

---

① 闫文君. 名人:传播符号学研究[M]. 成都:四川大学出版社,2018.

首先，通过走入学校来完成。学校历来是乡村文化的聚集地，也是乡村文脉传承最为神圣的殿堂。让体育非物质文化遗产走进学校，不仅可以使广大的学生更加切实地了解本土的传统体育文化，感受本土体育文化的独特魅力，而且可以在接受体育非物质文化遗产传承的过程中培养出爱家乡、爱家乡乡土文化的特殊情怀，从而不断增强文化自信，确立起宏大的人生目标。同时依托学校这一特殊的阵地，吸引更多的青少年参与到体育非物质文化遗产项目中来，无疑更有利于体育非物质文化遗产文化的传承与保护。例如，作为江苏省省级体育非物质文化遗产项目的越溪江南船拳，从2012年起就开始以越溪实验小学为基点，大力组织"船拳进校园"活动。越溪实验小学不仅设立有江南船拳展览馆，编写有江南船拳校本教材，而且还成立了越溪实验小学江南船拳代表队。此外，学校还设置了船拳体育课和船拳大课间活动，做到了全校师生员工人人都会一套越溪江南船拳。由此，越溪实验小学不仅成了苏州市体育局命名的江南船拳定点活动基地，而且被江苏省教育厅命名为"江苏省体育传统项目学校"，国家体育总局体育文化发展中心还专门在越溪实验小学建立了"江南船拳文化研究中心"。其越溪江南船拳的主要推动者、越溪实验小学副校长吴文祖老师，不仅成了江南船拳省级代表性传承人，而且经常受邀在苏州市非物质文化遗产展示馆、苏州市体育博物馆、苏州市太湖园博园、苏州市石湖景区等地为市民朋友和青少年作江南船拳专题讲座，举办江南船拳学习体验活动。

在徐州的邳州市，也曾在2014年3月启动了体育非物质文化遗产跑竹马进校园活动，主要在滩上乡中心小学建立传承基地，开设成人和少儿跑竹马培训班。南京市江宁区的体育非物质文化遗产麻雀蹦，则将其传承与发展的训练基地设立在江宁科学园湖东路的天景山小学，基地占地面积约1 200平方米。天景山小学为弘扬传统艺术，坚持特色办学理念，开展了以方山大鼓"麻雀蹦"改编的鼓操"盛世鼓韵"在全校推广，同时学校还建立了一支60人以上的大鼓艺术队，队员主要以三年级学生为主，隔年更换，由专人负责培训、排练，同时开展夏令营活动，着力为方山大鼓"麻雀蹦"培养人才，逐步形成梯队建设，并经常组织参加省、市、区举办的各类大型文体活动，产生了较为广泛的社会影响。

以上这些做法不仅与中共中央办公厅、国务院办公厅关于"在中小学开设非物质文化遗产特色课程，鼓励建设国家级非物质文化遗产代表性项目特色中

第二章
乡村振兴战略与体育非物质文化遗产活态传承的理论分析

小学传承基地"[①]中的精神一致,而且也是乡村振兴战略建设中能够更好地对体育非物质文化遗产文化进行传承与保护的重要措施。

其次,通过走进社区来完成。根植于乡土文化基础的体育非物质文化遗产,是历史上乡村百姓共同美好的精神家园,其中有他们的理想和憧憬、有他们的快乐与追求,甚至还有他们的爱情与寄托。它可以在社会的变迁中为乡村百姓提供人生的指南,甚至带去心灵的慰藉。因此,在乡村振兴的背景下,体育非物质文化遗产通过走进社区可以获得更多的区域文化认同,动员更多的社会力量参与到体育非物质文化遗产的传承与保护事业中来。

沛县武术是第一批江苏省非物质文化遗产项目。沛县境内广泛流传有武当大洪拳、刘派梅花拳、形意八卦、孙氏太极、梁派少林、三晃膀大洪拳等12大门派。沛县武术参与者以沛县当地居民为主,外来拜师学艺者为辅。沛县武术传承由家传逐渐演变为师传,在过去都是家族内传,不传外。随着时代的发展,沛县武术开始对外传授,由师傅带领徒弟学习武术。现在的沛县武术传承,主要依靠沛县武术协会的理事单位和会员进行传承,各个门派均建立有自己的传承路径,各个门派传承发展的情况略有不同,传承的内容以现代竞技武术内容为主,尤其是在青少年的传承中,传承内容基本以参加比赛或表演的形式为主。

被列为第二批江苏省非物质文化遗产项目跳当当,是一种祭祀舞蹈形式的体育游戏,主要分布于溧水县东屏镇原群力乡爱廉、爱民、凉篷、堡星村及句容县郭庄、葛村等周边村落。跳当当的传承方式为村民之间的世代传承,每个村的"当当队"均由各村村民组建而成。例如,杨家边自然村全村约30余户,每户都需出一人,自备锣鼓参加"当当队"表演。这种形式不仅有利于体育非物质文化遗产项目的传承与发展,同时也强化了区域内村民的文化认同感。

[①] 中共中央办公厅,国务院办公厅.关于印发《关于进一步加强非物质文化遗产保护工作的意见》[EB/OL].(2021-08-12)[2022-12-01].https://www.mee.gov.cn/zcwj/zyygwj/202108/t20210812_856214.shtm.

第二节

体育非物质文化遗产活态传承的基础理论研究

一 体育非物质文化遗产活态传承的基本理论构建

1. 体育非物质文化遗产活态传承的概念

习近平总书记在联合国教科文组织总部发表演讲中曾提到:"让收藏在博物馆里的文物、陈列在广阔大地上的遗产、书写在古籍里的文字都活起来,让中华文明同世界各国人民创造的丰富多彩的文明一道,为人类提供正确的精神指引和强大的精神动力。"这为我国非物质文化遗产的传承与保护指明了方向。"活起来"是非物质文化遗产保护理念"活下去"的延续、完善与发展,是更高层次、更成熟的非物质文化遗产保护理念[①]。

体育非物质文化遗产活态传承,是指在体育非物质文化遗产生成发展的环境当中进行保护和传承,在人民群众体育生活过程当中进行传承与发展的传承方式。随着现代科技的发展以及人们生活环境和生活方式的改变,一些体育非物质文化遗产项目已不适应今天的社会生活环境。例如,江南船拳本是水乡人民生活中的一个重要内容,人们的日常出行和交通都需要摇船,众多的渔民更是以船为家,所以在摇晃的船头打拳习武成为了水乡百姓的生活习俗。但是,随着现代交通条件的改善,渔民上岸生活定居已是大势所趋,那种原有的"以船为生""以船出行"的社会生活环境已经大大改变,这就使得江南船拳只能作为一种水乡生活民俗来演示,以告诉后人曾有过的体育历史风俗和文化。因此,所谓对体育非物质文化遗产的保护,并不是强行保存已经

---

① 崔家宝,周爱光,陈小蓉. 我国体育非物质文化遗产活态传承影响因素及路径选择[J]. 体育科学,2019,39(4):12-22.

过时的体育风俗或体育技艺,而是尊重我们已有的体育历史、尊重先人对体育文化的创造,以及尊重社会历史的自然发展规律,并通过活态传承方式让这些体育非物质文化遗产文化能够更好地活在当下,且从中寻找出体育文化持续发展与创新的灵感和力量。

2. 体育非物质文化遗产活态传承的发展条件

(1) 对体育非物质文化遗产项目代表性传承人的重视与扶持。非物质文化遗产的活态保护应该要构建以传承人为主体和载体的活态空间、以传承人为纽带链接遗产存在的物理空间和精神空间。肯定传承人基于"身体"而形成的具身化(embodied)的知识、经验、技艺、信俗,在情境化的言传身教中完善传承机制,并在身体实践的过程中不断沉淀为可共享的知识形态,从而使遗产相关的知识和文化能够被识别和有序传承,进而扩大传承人群规模,增强遗产生命力[1]。所以无论是民间武术传承人,还是体育舞蹈传承人;无论是体育民俗传承人,还是体育养生传承人,那些民间的传统体育技艺,都集中在这些传承人身上。如果没有了传承人,就没有体育非物质文化遗产的传承。因此,注意对江苏体育非物质文化遗产项目传承人的重视、保护与扶持,便成为江苏体育非物质文化遗产活态传承需要解决的一个重要问题。对于这些传承人,政府不仅应该给予他们相应的社会地位和荣誉、一定的经济补贴和资金帮助,而且还要为他们提供招收弟子上的政策支持,以保证体育非物质文化遗产项目能够一代代地传承下去。

在江苏现有的体育非物质文化遗产项目中,政府需要高度警惕传承人危机并作出相应的政策补救。例如,流传在江宁区秣陵街道、淳化街道和湖熟镇一带的民间体育舞蹈麻雀蹦,在2007年获批江苏省非物质文化遗产时,其传承人名单中年龄最大的是83岁,20岁到40岁之间的传承人则完全处于空白阶段。邳州的跑竹马是流传在徐州邳州滩上镇、八路镇、官湖镇等地的一种民间自娱自乐型体育活动,并且在2008年被列为第二批国家级非物质文化遗产项目。从当时获批的传承人年龄情况看,第三代传承人屈运胜已经是90岁老人,第四代传承人屈绍金也已经是64岁,而在第六代传承人和第七代传承人之间,则有着22年的传承人空白期。

---

[1] 孙发成.非遗"活态保护"理念的产生与发展[J].文化遗产,2020(3):35-41.

引发体育非物质文化遗产项目传承人短缺或后继无人现象的因素是多方面的:有城市化带来的巨大冲击,也有现代人生活方式的改变等。除此之外,体育非物质文化遗产自身的特殊性也是一个重要的原因,它与其他非物质文化遗产项目不同,体育非物质文化遗产更多表现为公益性主体。就是说其技艺的活态传承更多地表现为公共服务性,这就导致了体育非物质文化遗产项目传承人的生产性自救功能缺乏或不足。体育非物质文化遗产传承人对社会的更多贡献体现在其对体育非物质文化遗产项目的公益推广,而对于个人的经济收益贡献却较为薄弱。因此从这一视角讨论问题,可以说体育非物质文化遗产传承人应该更需要社会或政府在经济政策方面的特殊照顾和扶持。

(2) 对体育非物质文化遗产生态保护区(或角)的设立。文化生态保护区(或角)是指在一个特定的区域中,通过采取有效的保护措施,修复一个非物质文化遗产和与之相关的物质文化遗产之间的互相依存,与人们的生活生产紧密相关,并与自然环境、经济环境、社会环境和谐共处的生态环境。通过划定文化生态保护区,将民族民间文化遗产原状地保存在其所属的区域及环境中,使之成为"活文化",是保护文化及其生态的一种有效方式[①]。良好的生态环境是确保体育非物质文化遗产活态传承的重要基础。从江苏的实际情况出发,可以考虑对那些社会影响较大的省级以上体育非物质文化遗产项目设立专门的生态保护区(或角)。这是因为任何一个体育非物质文化遗产项目的产生发展都与其特殊的地理、历史、经济、人文等综合环境有关,这也就是通常所说的乡村文化地理特色。在保护区(或角),可以通过志愿者形式负责活态传承的组织运营、推广培训、社会展演等。保护区(或角)可归口于民间体育协会进行管理,例如,苏州的江南船拳,目前就是以吴中越溪为保护角。如今越溪境内,仅江南船拳传承单位就包括了越溪实验幼儿园、越溪实验小学、越溪实验中学、苏州市沧浪中学、苏州市职业大学等大中小学校,使每年参与江南船拳学习和传承活动的在校学生和社会爱好人士达数千人之多。在 2020 年 6 月,江南船拳推广活动的专题视频《传承船拳文化,攻守修炼人生》荣登中央宣传部学习强国平台,而且在 2021 年 9 月,人民网专门以"江苏苏州:江南船拳展演"为题,发布了越溪实验小学的学生在表演江南船拳时的新闻图片。

由上可见,如果能在有条件的地区内有意识地设立体育非物质文化遗产活

---

① 黄永林."文化生态"视野下的非物质文化遗产保护[J].文化遗产,2013(5):1-12.

态传承生态保护区(或角),让体育非物质文化遗产项目在文化生态保护的大环境中能够得到更好的整体性保护,是具有一定的积极作用和现实意义的。生态保护区(或角)的设立原则上需要考虑以下三个要素:其一,所设立的项目生态保护区(或角)有着较为深厚的历史文化基础;其二,所设立的项目生态保护区(或角)内有着较广泛的群众基础,受普遍欢迎;其三,所设立的项目生态保护区(或角)已经产生了一定的社会影响力,能够对项目推广起到更好的辐射和带动作用。当然,在政策支持方面是否还可以考虑:第一,生态保护区(或角)原则上一个大城市只设立一到两个,且每年可以得到体育主管部门一定的经费资助;第二,生态保护区(或角)应坚持基层社区或民间组织自主申请的原则,同时得到体育主管部门审查批准;第三,生态保护区(或角)不是永久称号,而是每三年到五年重新申请和审批,以引发更多的基层社区或民间组织相互竞争,促进体育非物质文化遗产活态传承的持续健康发展。

(3) 对体育非物质文化遗产的生产性保护。如何在乡村振兴的背景下,使体育非物质文化遗产能逐渐形成良性发展的文化产业,助力乡村的经济发展,并以此为基础,对相应的体育非物质文化遗产项目进行更好的生产性保护,是非常重要的研究课题。这种生产性保护,一方面是将体育非物质文化遗产项目融合到乡村文化建设之中,以不断满足乡村居民日益增长的体育文化需求和锻炼身心的需要;另一方面,则是将体育非物质文化遗产项目打造成乡村特有的文化品牌,并通过品牌效应直接拉动乡村经济发展。已有的经验是泰州溱潼,他们每年四月都有溱潼会船的体育非物质文化遗产项目展示,吸引着来自全国以及世界各地数十万的游客前往观摩。在碧波荡漾的溱潼喜鹊湖上,汇聚了成百上千的船只,一万多名男女选手身着各式民族服装在水上表演、比赛,传承水乡神韵,展示民俗风采。自 1991 年开始,连年举办的溱潼会船节已从单一的水乡群众会船活动,演变成一个融传统体育、民俗文化、旅游经贸等多种内涵一体的体育非物质文化遗产文化盛典,成为溱潼经济和社会发展的最亮丽名片。他们借着文化搭台、产业唱戏的发展理念,使乡镇经济获得快速发展。溱潼的老百姓早在 1998 年就已达到小康生活水平,2010 年全镇的国内生产总值(Gross Domestic Product,简称 GDP)已经达到 10.6 亿元,2015 年仅旅游直接收入就是 2.22 亿元。2011 年,在溱潼会船节期间,更是着力发挥会传效应。以船为媒,经贸唱戏,签约重大项目。会船节期间共签约项目 55 个,计划总投资 134.2 亿元,现场集中签约的 24 个项目,均是新能源、新装备、新基建、新旅游"四新"

产业项目,投资总额共计98.8亿元。这些项目涉及行业广、科技含量高、带动能力强,将为姜堰产业结构优化、经济转型升级注入强劲动能和强大支撑。溱潼会船在不断推动乡村经济持续发展和GDP不断增长与提高的同时,也为体育非物质文化遗产的活态传承提供了良好的发展思路,并提供了可资行动的示范。

在江苏省南通市,每年都会举办南通国际风筝节。中国是风筝的故乡,南通是南派风筝的主要产地。南派风筝中最具特色的是哨口风筝,因为其融合了雕、扎、书、画、绣等工艺于一体,极具观赏和收藏价值。哨口风筝也称哨口板鹞,主要通过哨口发出低、中、高三种音效,且声音能够传到很远的地方,享有"空中交响乐"的美名,因而列入第一批国家级非物质文化遗产名录。2023年10月14日至15日,中国·如东第二十二届风筝会2023年全国风筝邀请赛暨"小洋口旅游杯"江苏省风筝精英赛在如东小洋口旅游度假区风筝放飞场举行,来自全国各地的41支代表队300多名运动员报名参赛。30多年来,如东已成功举办了二十一届国际和省级大赛,其名号享誉海内外。2009年举办的全国风筝锦标赛创造了全国风筝放飞史上规模最大、规格最高、参赛人数最多、风筝种类最全的纪录;2010年举办的夜光风筝比赛为国内首次举办该类型的比赛,央视等主流媒体进行了报道;2015年如东被命名为"中国风筝之乡"。小洋口旅游度假区获评中国体育旅游精品项目、江苏省体育旅游融合发展示范基地、江苏省风筝放飞基地。

在2017年南通国际风筝节"小洋口旅游杯"风筝邀请赛上,吸引了海内外51支代表队200多名运动员参赛。其中在特色风筝表演中,有着许多体育非物质文化遗产与现代科技的完美结合,其表现了巨大的市场开发潜力和传统体育文化的发展前景。由此说明,体育非物质文化遗产活态传承不应该只被看作是项目传承发展的需要,它也是助力乡村经济发展的重要措施。因为通过对体育非物质文化遗产项目的适当打造,逐渐形成体育非物质文化遗产的文化品牌,成为乡村经济振兴发展的某种特色。当体育非物质文化遗产能够走进千家万户、成为人民大众日常生活的一部分内容时,它就能更好地扎根于乡村,扎根于民间。也只有这样,体育非物质文化遗产的活态传承才能建立起健康的良性发展循环,且最终成为具有"造血功能"的完整系统。

3. 体育非物质文化遗产活态传承的传播方式

(1) 体育非物质文化遗产+文化旅游。这是指体育非物质文化遗产的活态

第二章 乡村振兴战略与体育非物质文化遗产活态传承的理论分析

传承可以通过与文化旅游相结合的方式,扩大其社会的传播力度和提升社会影响力。当下,国家大力发展文化旅游产业,江苏省推出的"文旅18条",为体育非物质文化遗产的创新性发展提供了平台。例如,苏州市体育局早在2015年就开始将苏州枫桥风景区确定为体育非物质文化遗产项目江南船拳的展演展示基地,充分利用双休日和节假日向景区的广大游客开放。枫桥风景区是以寒山古寺、江枫古桥、铁铃古关、枫桥古代镇、古运河等"五古代"为主要游览内容的省级风景名胜区。经多年的发展建设,已成为自然风光优美、人文景观丰富,且具有江南水乡古镇风韵的游览胜地。每年有成千上万的中外游客,在枫桥风景区认识了什么是江南船拳,其中风格独特的开口船拳表演,更是让他们充分领略到了江南水乡独有的体育非物质文化遗产文化魅力。

(2) 体育非物质文化遗产+学校课堂。学校历来是乡村文化的聚集地,也是乡村文脉传承最为神圣的殿堂。让体育非物质文化遗产走进学校、走进课堂,不仅可以使广大的学生更加切实地感受本土体育文化的独特魅力,还可以在接受体育非物质文化遗产活态传承的过程中培养出对家乡的眷恋之情,从而不断增长文化自信,确立起宏大的人生目标。依托学校这一特殊的阵地,吸引更多的青少年参与到体育非物质文化遗产活态传承中来,无疑更有利于体育非物质文化遗产的传承与保护。例如,泰州市空竹协会为弘扬民族传统体育项目,不断扩大空竹运动的影响力,在市体育局和民政局的统筹安排下,积极开展空竹进校园活动。一方面让在校学生了解这项体育非物质文化遗产文化,以便传承和发展;另一方面试图通过空竹进校园的方式让更多的学生从空竹运动中得到增强体质、增进健康的实效。抖空竹是集娱乐、健身、表演、竞技于一体的传统体育技艺,不仅可以提高人的注意力、提高身体特别是四肢的协调能力,而且还可以消耗人体多余能量以达到减肥目的。从2017年开始,泰州空竹协会就有组织、有计划、有目的地走进泰州城东小学普及抖空竹运动。协会中有8名会员,利用每周二下午的二三节体育活动课时间,分别对三年级的12个班和五年级的12个班共计500多名学生进行抖空竹技能与技术的辅导和培训。他们手把手地教孩子们练习空竹的基本步法、身法和手法,培养他们动脑、动四肢以提高身体协调的能力,从而不仅促进了他们的身心健康,而且让孩子们切身感受到了体育非物质文化遗产的智慧和魅力;不仅加强了孩子们对体育非物质文化遗产项目的了解和认识,更是激发了他们接受、传承、发展体育非物质文化遗产文化的热情。在他们将空竹抖动得时而上下起伏、时而左右旋转、时而舞首弄姿、时而翩翩起舞的同时，他们已经从内心坚定了要争做空竹非物质文化遗产文化的传承人和传播者的决心与信念。

在南通海安市的城东镇西场小学，则是将非物质文化遗产打连厢引进了校园，他们聘请了打连厢代表性项目传承人崔扬云老师，在传统"打连厢"的基础上，结合小学生的身心特点，同时将时尚的音乐元素和舞蹈元素融入传统的打连厢之中。崔扬云老师还专门编排了"健康连厢"的活动套路，向各班级系统传授和推广。由于"健康连厢"有着悦耳的音乐节奏、美妙的艺术性和浓厚的趣味性，以及立竿见影的身心健康效果，使得广大师生员工个个热情参加，每天乐此不疲，其摆动"健康连厢"的热闹场面，已成为西场小学呈现给海安市民群众的一道独特的靓丽风景线。

（3）体育非物质文化遗产＋乡村经济。乡村振兴，就是坚持农业农村优先发展，其目标是按照产业兴旺、生态宜居、乡风文明、治理有效、生活富裕的总要求，建立健全城乡融合发展体制机制和政策体系，加快推进农业农村现代化。在这一过程中，乡村振兴需要强烈的产业经济带动。体育非物质文化遗产＋乡村经济，不仅使体育非物质文化遗产活态传承成为乡村振兴战略中公共文化建设的重要内容，同时也成为助力乡村经济可持续发展的重要动力。

体育非物质文化遗产文化往往就是一个乡村的重要文化品牌，在乡村振兴战略建设要避免同质化发展的条件下，传承和保护好体育非物质文化遗产文化项目，无疑就是在坚持自己的文化特色、形成乡村振兴中错位发展的良好格局。例如，江苏省盐城市的建湖杂技，是 2008 年入选中国第二批国家级非物质文化遗产名录的体育非物质文化遗产项目。建湖杂技源于该县庆丰镇所属八十三华里方圆内的十八个村庄，统称叫作"十八团"，是中国三个杂技艺术发祥地之一，具有独特的汉族文化风格和精湛的艺术技巧，饮誉中外。为了将体育非物质文化遗产活态传承的文章做足做好，建湖县每年都会在 10 月中旬举办"建湖烟花杂技节"。他们通过举办烟花杂技节以凝聚人心、振奋精神、提升形象，从而借此机会扩大开放，加快发展。仅以 2003 年的"建湖烟花杂技节"为例，当时就已成功引进 1 000 万元投资以上的重点建设项目 98 个，总投资 44 亿元。节庆期间还举行了大项目的集体开工仪式，7 个投资亿元以上的大项目奠基，18 个投资 1 000 万元以上的项目开业，28 个投资 5 000 万元以上的项目同时签约。其盛大的开工庆典为建湖的经济发展带来了新的希望。2020 年建湖县全年完成地区生产总值 571.9 亿元，同比增长 3.5%；一般公共预算收入 31.66 亿元，同比增长5%;六大类39个高质量发展指标中,超过30%的指标位于江苏省前10名;已全面建成小康社会。

建湖县的"体育非物质文化遗产＋乡村经济"的成功实践,说明在推动农村全面进步、农民全面发展中,注意对体育非物质文化遗产的保护与传承,同样具有极大的促进作用。因此注意挖掘乡村中的体育"非物质文化遗产资源,提升乡土文化内涵,建设非物质文化遗产特色村镇"[1],显然在乡村振兴战略建设中有着重要的现实意义。

二 体育非物质文化遗产活态传承需要厘清和处理的关系

1. 体育非物质文化遗产活态传承的原生性与再生性关系

(1) 体育非物质文化遗产活态传承的原生性。汉语中的原生一词,是指初始的、未经修饰的,或最初的、第一次出现且未经过任何外力、内力改变的个体,可见原生的词义就是指原生态。而原生态的本意是指生物和环境之间相互影响的一种生存发展状态,是指一切自然状况下生存下来的东西。体育非物质文化遗产的原生态是指没有经过特殊加工的、存在于民间的、散发着乡土气息的身体行为文化的状态或形态。从文化艺术的立场看,体育非物质文化遗产的原生态是指一种"原汁原味"的民族体育文化,是一种没有被特殊雕琢且继续存在于民间的原始体育形态。因此,体育非物质文化遗产的原生态散发着一种乡土气息的体育文化,折射出的是一定区域或民族的本源的生产生活状况,渗透着的是体育非物质文化遗产从形式到内容的无限天然美、自然美和原始美特征,呈现出的则是某区域或民族所特有的独到的传统体育文化魅力。体育非物质文化遗产活态传承的原生性,强调的是体育非物质文化遗产原生态保护与传承,且必须遵守体育非物质文化遗产活态传承的整体性原则,即主要通过建立民族文化保护区、文化生态保护区、生态博物馆等手段来保护非物质文化遗产生长与传承的原生环境[2]。

---

[1] 中共中央办公厅,国务院办公厅.关于印发《关于进一步加强非物质文化遗产保护工作的意见》[EB/OL].(2021-08-12)[2022-12-01]. https://www.mee.gov.cn/zcwj/zyygwj/202108/t20210812_856214.shtml.

[2] 陈华文.原生态与非物质文化遗产的保护[J].山东社会科学,2010(9):24-28.

体育非物质文化遗产项目与其产生发展的生存文化环境一定是密不可分的。例如,在江苏体育非物质文化遗产项目中,有以苏锡常为代表的吴文化区体育非物质文化遗产项目,它们深受"吴文化"的孕育与滋养,凝聚着"吴文化"的多样色彩,从而产生了摇快船、荡湖船、划龙舟、摇大橹等与生产生活相关的传统体育项目;沙上儿童游戏、九连环、花样石锁等供人们劳作之余健身娱乐、欢庆聚集的传统体育项目;跳五猖、冻煞窠、跳祠山及舞龙舞狮等驱鬼逐疫、祭祀神灵、英雄崇拜的传统体育项目;大刀舞、板凳操、麻叉舞、矛子舞等训练士兵、御敌强身的传统体育项目。吴文化区的体育非物质文化遗产项目有着刚柔并济、善于变通、就地取材、物尽其用,敬畏神灵、政教合一的特点。徐州、宿迁、淮安一带虽属江苏管辖,却有着楚汉文化的风骨。其饮食习惯、语言文化、民众性格均以豪爽、直率、刚健、勇猛著称,故体育非物质文化遗产项目具有更多楚汉文化的烙印。如制作的风筝"硬翅鹞"造型矫健、气势雄伟;跑竹马也带有明显的北方或中原色彩,器物造型相对简单,动作粗犷而奔放,特别是习武风气代代相传,形成了多种传统武术的风格和流派,如武当大洪拳、刘派梅花拳、形意八卦、孙氏太极、梁派少林、三晃膀等。以南京市、镇江市为代表的是金陵文化区,其体育非物质文化遗产项目更多地表现出体娱相融、依存商业,兼容并包、气势恢宏的特点。金陵文化区的体育非物质文化遗产既有广泛分布于中原地区的舞龙舞狮、石锁、跳当当,也有发源于东部水域地区的龙舟竞渡、马灯舞;既有流行于大江南北的各种拳术,也有寻常百姓家的抖空竹、踢毽子,可谓形态丰富,并存共处。以扬州市为中心的淮扬文化区,覆盖新通扬运河以北、苏北灌溉总渠以南、大运河以东、串场河以西的区域,其主要特征是正谊明道、精致秀美、兼容内敛。受淮扬文化滋养的体育非物质文化遗产项目,有着善于学习、追求创新,闲适安逸、包容平和的特点。如,滚莲湘、花鼓、河蚌舞等充分吸收江南水乡柔美细腻的风格,抒发人们追求安逸舒适生活的情感;跑马阵舞蹈,则充分反映了人们对和平与安宁生活的向往。以南通市为中心的海盐文化区,向北辐射盐城市、连云港市。海盐文化吸收融合了吴、楚、淮扬文化的精华,在克服了海岛自然条件带来的种种困难条件下,坚持面向大海,不断学习,适应环境。其体育非物质文化遗产充分表现出益智怡情、崇文重教,拼搏报国、勤劳质朴的文化特征。如南通长牌、石港戏曲谜盘、连云港灯谜都是富有深厚人文色彩的益智类传统体育游戏。这里的荡旱船、荷花盘子篮、榆蚌舞、踩泥马等无不真实地刻画了当地民众以海为家、辛勤劳作、艰苦朴素的体育生活场景。由此可见,离开了产生发展的生存环境,体育非物质文化遗产就会成为无源之水、无本之木,从而失去它的生机与活力。

(2)体育非物质文化遗产活态传承的再生性。再生是一个生物科学词汇,通常指植物体因受伤或生理上分离而失掉组织或器官后,恢复或复制失去部分的现象。体育非物质文化遗产活态传承的再生,实际上就是指体育非物质文化遗产活态传承需要注重"扬弃"过程。扬的过程,是事物发展的连续性,体现了新事物对旧事物的发扬、保留和继承;弃的过程,是事物发展的非连续性,体现了新事物对旧事物的抛弃、克服。扬弃是通过事物的内在矛盾运动而进行的自我否定,是事物发展和联系的环节。对待中国的体育非物质文化遗产,需要我们既要去其糟粕,也要取其精华;既要有批判,也要有继承。扬,是努力寻找体育非物质文化遗产中那种特定的民族精神和民族心理凝结合成的核心价值体系;弃,是努力摒弃体育非物质文化遗产文化中愚昧庸俗的落后因素。要保证体育非物质文化遗产在现代社会发展中能积极融入先进的体育时代精神,使其成为保护民族传统体育文化、弘扬民族传统体育精神文明、提高人民体育道德素质的有力武器,从而永葆体育非物质文化遗产的青春活力。

再生性,则是强调了一种重新恢复生长的能力。在体育非物质文化遗产活态传承中,这种再生性表现在对其文化核心元素坚持的同时,也对其他非核心元素进行适当的改造或重组,以更加符合或适应现代人从事锻炼、展示或表演的要求。例如,南京体育学院的于翠兰教授研究团队,为了更好地对江苏省体育非物质文化遗产项目殷巷石锁进行保护传承,他们依托这一项目开发了智能E石锁。因为原有的石锁都由石料凿成,练习者手掌易磨损,安全性低,且石锁是个体手工制作,产品无标准等,因而阻碍了这一集力量、技巧、健身于一体的优秀传统体育项目更大范围的普及发展。而新型石锁在外观上既保留了传统的样式,又在整体结构上分为石锁主体和手柄两部分。石锁主体有不同的重量可供选择,分别为 2 kg、3 kg、4 kg、5 kg、6 kg,其中 5 kg 的基本尺寸为 220 mm×100 mm×140 mm,持握部分的空档距离约 50 mm。实验结果说明了新型石锁提高了实用性,爱好者可根据自身情况选择不同重量的石锁进行练习,循序渐进,从而提高了石锁练习的安全性。石锁外观的多种色彩也提升了这个非物质文化遗产项目的观赏性和艺术性,更加有利于推广和传播。此外,他们还编排了相应的石锁健美操,从而创新了殷巷石锁的传承形式,为殷巷石锁项目在全民健身领域的推广普及带来了新的突破①。

总之,原生性与再生性是体育非物质文化遗产活态传承中需要处理好的一对矛盾问题。原生性强调体育非物质文化遗产文化的"原汁原味",再生性强调体育非物质文化遗产文化的"当下功能"。因此在体育非物质文化遗产活态传承中,原生性是传承的基础,再生性是传承的动力;原生性保证了体育非物质文化遗产活态传承的质量,再生性扩大了体育非物质文化遗产活态传承的影响。

2. 体育非物质文化遗产活态传承的固化与活化关系

(1)体育非物质文化遗产活态传承的固化问题。固化在化学上是指物质从低分子转变为高分子的过程。在人文社会学科中固化也指对事物形成某种固定看法、观点的过程。在体育非物质文化遗产活态传承的研究中,固化主要表现为思想观念的僵化和传承方式的僵化。

思想观念的僵化。传统文化是一个民族的历史遗产在现实生活中的展现,它往往有着特定的内涵和占主导地位的基本精神。传统文化负载着一个民族的价值,影响着一个民族的生活方式,汇聚着一个民族自我认同的凝聚力。因此在对待体育非物质文化遗产的态度上,既可能表现为虚无主义,也可能表现为国粹主义。然而这两种倾向都是思想观念僵化的表现,因此必须坚决反对。反对国粹主义,就是不能盲目认为一切传统的东西都是好的,都是精华,对体育非物质文化遗产的传承态度是"依样画葫芦"或亦步亦趋,应该看到传统体育文化中也存在糟粕。例如,一些传统体育项目中的装神弄鬼、封建迷信现象,就是我们绝不能接受的东西。反对虚无主义,就是要充分认识虽然现代体育是从西方传入的,但在中国的古代历史上同样有着丰富多彩的优秀传统体育文化,例如,中国古代蹴鞠就是世界足球最早的雏形,中国的传统养生文化至今仍大放异彩,中国古代的捶丸也可能是现代高尔夫运动的滥觞,而古代武术运动更是自成体系、别具一格。所以对待传统体育文化必须站在具体分析的立场,坚持批判性地吸收与继承,从而真正发扬光大。

传承方式的僵化。体育非物质文化遗产属于传统技艺技能文化的范畴,在传承方式上历来都是采用较为封闭的师傅带徒弟的方式进行,而且很少文字说

---

① 于翠兰,徐诚堂,刘斌瑞.全民健身视域下新型石锁器材的研制[J].南京体育学院学报(自然科学版),2017,16(3):153-156.

明,主要依靠口传身授。这种僵化的传承方式,显然不符合现代社会发展的要求,也不利于体育非物质文化遗产的普及推广与传承发展。由此在传承方式上我们提出了应该做到的两个结合,即师徒传承与社会传承的结合、静态传承与动态传承的结合。

师徒传承与社会传承的结合。作为技艺类的体育非物质文化遗产文化,师徒传承一直是其最主要的传承方式。这种方式是通过"守旧"使得传统文化能够做到薪火相传,因此若想保留"原汁原味"的体育非物质文化遗产文化,师徒传承的方式仍然必不可少,需要给予支持和鼓励,这也是保证项目传承人后继有人的重要措施。中国传统文化有着浓厚底蕴,加上许多内容有赖于世代相传的经验,因而师傅受到了社会的普遍尊重,作为徒弟则必须以服从的代价去换取这种经验。但是,体育非物质文化遗产的文化传承仅仅依靠师徒传承是不够的,我们还需要社会传承,让更多的人去参与、去触摸体育非物质文化遗产文化,去感受体育非物质文化遗产文化带给现代人生活的特有乐趣和魅力。

静态传承与动态传承的结合。静态传承包括体育非物质文化遗产文献的整理与研究、体育非物质文化遗产文物图片的收藏与巡展、体育非物质文化遗产教材与图书的编写出版等。在江苏省,体育非物质文化遗产项目的整理规范是严格依照"普查→记录→整理→鉴定→立档"进行的,以保证其真实可靠性。同时也注意到对面临损毁的原始第一手资料,使用现代化的数字化技术、档案修复技术予以加工抢救,以形成延续保存期限的珍贵典籍,以及可供展示、研究、永久储存的数字化电子档案。动态传承包括体育非物质文化遗产项目的广场展示、体育非物质文化遗产社区推广以及体育非物质文化遗产进校园等方法。例如,2021年春节期间,江苏省在全省各地安排了独特的"非物质文化遗产过大年"活动,其中的体育非物质文化遗产项目有南京夫子庙的"抖空竹"、白鹭洲公园推出的"秦淮灯彩 腾'云'而来"、淮安的"花船表演",以及宿迁的"童子戏"等活动;舞龙、舞狮等更是江苏省各地在春节期间上演的普遍的体育民俗活动。

(2)体育非物质文化遗产活态传承的活化问题。这里的活化,实质是指一些体育非物质文化遗产文化已经脱离了其原来的文化语境和使用场景,变成了一种"死"的体育文化,因此要将其活化,重新赋予其体育的文化意义或使用场景,更好地融入现代人的体育文化生活。对传统体育文化的活化,其路径主要有两个考虑的核心问题:一是要体现实用性;二是赋予其新的文化意义。实用性,就是让人们实实在在地从中看到效果;或是有增强体质的实效;或是有娱乐身心的作用。在故宫的文创精品中,他们把镇纸改成充电宝,把朝珠改成耳机等,就是从形式上进行一种传统文化"实用"的改变尝试。赋予新的文化意义,则是表现在文化层面的一种解构与重构,相对难度要大一些。如"大航海"电子游戏,就是对传统航海文化的一种重构。在苏州市,人们正在将体育非物质文化遗产项目江南船拳以舞台剧的方式制成动画片,以进行更大范围的社会推广与传播,这其实也是一种对体育非物质文化遗产文化的重构。

当然,对传统文化的重构必须掌握一个"度"的问题。要将对体育非物质文化遗产的保护和活化区分开来。保护,是保原件、保文献、保本真、保文化原有真环境,如江南船拳不仅是拳还应有船,而且是在行进的船头上打拳。这种文化传统的原貌和含义要让现代人知道。活化,则是要放开,艺术的本源就是人的体验。人民之中有着无限的想象力和创造力,要让他们接触传统文化,改造传统文化,活化传统文化,甚至创新传统文化。如体育非物质文化遗产项目宜兴猴棍,又称金箍棒,是武术中的器械练习。其动作内容主要模仿猴子生活习性,配以武术棍法中的技击招式,组成一套别具风格的武功绝活儿。在江苏省宜兴市的新街彭庄,原本为当地乡人维护地方治安而操练的传统武术,现在则成为"活化"的舞台表演剧目。表演者身着黄色猴衣,手持齐眉棍,面部画有猴子脸谱,表演人数为双数,人数可多可少,双方互有攻防。表演内容分八节,每节16棍,共计128棍。每一节中,开头的"提棍""戳棍",以及结束的"夹棍""克棍""捆棍"等为重复动作,中间则运用各式棍法和不同的攻防套路,演出时还配有十番锣鼓伴奏。

由上可见,固化与活化,是体育非物质文化遗产活态传承中两种不同方式的运用。它们既是矛盾的,又是统一的。传承方式的固化虽然较为呆板,但它能更好地保存体育非物质文化遗产文化的本真。而传承方式的活化,则主要是让体育非物质文化遗产能够更好地融入现代人的社会生活。

3. 体育非物质文化遗产活态传承人与普通大众的关系

(1) 体育非物质文化遗产活态传承的传承人问题。传承人是体育非物质文化遗产的重要承载者和传递者,他们用才智和灵性,贮存、掌握、承载着体育非物质文化遗产的各种身体符号与信息,以及精湛的体育技艺与技能,成为体育非物质文化遗产的活的宝库,是体育非物质文化遗产接力赛中处在当代起跑点上的"执棒者"和代表人物。无论是在体育非物质文化遗产的家族传承中还是

第二章 乡村振兴战略与体育非物质文化遗产活态传承的理论分析

在体育非物质文化遗产的社会传承中,都有着举足轻重的作用,是体育非物质文化遗产现代传承中承上启下的继承者、传承人。他们之所以成长为承上启下的继承者、传承人,一方面与其成长环境有着密切的联系,例如,他们可能有家族体育文化传、帮、带的传统,也可能从小就拜有名师的传授和教诲;另一方面真正起决定作用的则应该是他们超人的强记博闻和刻苦的身体训练,是独到的体育领悟能力和个性特征,才使得他们在某项体育非物质文化遗产的项目传承中脱颖而出。

体育非物质文化遗产传承人在各自项目中的文化传承应是既有衰减又有增量,而不是单线的延长或原质的移位,以此来创新达成体育非物质文化遗产的积累。这种积累是传承的结果,其积累的核心则是传承者的创新。所以大凡杰出的传承人无不是在继承传统的过程中有能力做出适当的文化选择和文化创新,使他们受到一方民众的尊重和爱戴。如,古代体育养生文化的传承人华佗、葛洪、孙思邈,无不体现了这种体育非物质文化遗产传承人的重要特质。苏州的江南船拳省级传承人吴文祖,原是一名小学语文老师,自幼练习江南船拳。从 2008 年开始,他遍访老船家,收集资料,并将船拳引入学校课堂教学和体育大课间活动,使船拳在越溪实验小学获得了较好的传承。吴文祖老师还经常受邀在苏州市非物质文化遗产展示馆、苏州市体育博物馆、苏州市太湖园博园、苏州市石湖景区等地为市民朋友和青少年作江南船拳专题讲座,举办江南船拳学习体验活动。2020 年 6 月,介绍吴文祖江南船拳推广活动的专题视频《传承船拳文化,攻守修炼人生》荣登中央宣传部学习强国平台。

(2) 体育非物质文化遗产活态传承的普通大众问题。普通大众是体育非物质文化遗产的重要受众。受众是指信息传播的接受者,包括报刊和书籍的读者、广播电视的听者与观众,以及互联网网民。受众既可以是某个个体,也可以是某个群体或某个社会组织。体育非物质文化遗产活态传承的受众,是体育非物质文化遗产传承发展的忠实粉丝和维护者。缺少了受众,体育非物质文化遗产的活态传承就失去了养分和土壤,失去了继续发展的社会动力,其传承的目的和文化价值也无从体现。这对于体育非物质文化遗产进行有效的选择性保护和在保护传承中不断创新发展,都会带来很大的困难。由此可见,受众也是体育非物质文化遗产活态传承的重要力量。而当体育非物质文化遗产活态传承的普通大众在得到体育非物质文化遗产的信息后,会根据各自对体育非物质文化遗产的理解和认知产生相应的反应,并不断向外释放,从而获得传播效果。

从这个意义上说,体育非物质文化遗产的活态传承如果没有普通大众的参与,便是独木难支,失去了传承发展的社会基础。例如,体育非物质文化遗产内劲一指禅学员、苏州大学图书馆马逸敏老师,曾这样介绍说,她在苏州大学工会组织的内劲一指禅学习五年多来,不仅整个身体状况得到改善,更显著的变化是原有存在的肠胃病和乳腺小叶增生等病痛已完全消失。由此她结合自己的练习体会和实践认知,毫无保留地向家族成员、亲朋好友介绍这一体育非物质文化遗产文化。她说,她就是希望有更多的人能够了解内劲一指禅,并坚持练习,以便从中受益。

以上内容告诉人们,传承人与普通大众应当是体育非物质文化遗产活态传承中主体与客体的关系,即在体育非物质文化遗产活态传承中,传承人是体育非物质文化遗产文化传承的主体,承担着责任人的角色;普通大众是体育非物质文化遗产文化传承的客体,扮演的是义务者角色。另外,传承人与普通大众也是相互依存的关系,没有传承人,就无所谓普通大众;同样,没有普通大众,也无所谓传承人。没有传承人,体育非物质文化遗产的活态传承就失去了根基;没有普通大众,体育非物质文化遗产的活态传承就失去了前程。所以在体育非物质文化遗产活态传承中,二者缺一不可,他们共同构成体育非物质文化遗产活态传承的基础和条件。

4. 体育非物质文化遗产活态传承地域民俗与现代生活方式的关系

(1)体育非物质文化遗产活态传承的地域民俗问题。这里强调了两个最基本的要素,即体育非物质文化遗产活态传承符合民俗的要求和体育非物质文化遗产活态传承适合地域的特征。

体育非物质文化遗产活态传承符合民俗的要求。民俗也称民间文化,通常是指一个民族或一个社会群体在长期的生产实践和社会生活中逐渐形成并世代相传且较为稳定的文化事项,可以简单概括为民间流行的风尚和习俗。在传统文化中,民俗往往是一种规范,一种道德伦理力量,它起源于人类社会群体生活的需要,在各个地区、民族、时代和地域中不断形成、扩大和演变,并为广大民众的日常生活服务。体育非物质文化遗产的活态传承要符合民俗的要求,就是坚持体育非物质文化遗产所凸显的民族体育特色、民间体育特色和民俗体育特色。

首先,坚持民族体育特色。民族体育通常被理解为世界各民族所保留的各自的传统体育项目和活动方式。例如,中国武术、中国养生、中国射艺等。相对于当代世界流行的主流体育而言,民族体育更多地表现为一种亚体育文化。民族体育的形成和发展受民族生存的自然空间和社会发展的历史进程影响,有着多元化和多层次的表现。一般来说,民族体育的内容丰富且形式多样。民族体育常常与民族的生产、生活及军事活动有密切联系。在表现形式上,民族体育项目既有竞技性,又有娱乐性、趣味性、健身性等。民族体育通常有着广泛的群众文化基础和良好的社会发展条件。民族体育的特色主要表现在民族性、传统性、地域性、时代性这四个方面。

民族性的基础是体育文化的民族认同,包括民族体育语言、民族体育文字、民族体育行为,以及民族体育历史等。在当代世界,民族性认知也是国家的基础。传统性是指世代相传有着历史沿革的传统体育思想、体育道德、体育风俗、体育艺术等,它对人们的体育行为表现有着无形的影响和控制作用。地域性通常是指一定的地域空间,即民族体育是在一定的地域空间范围内产生和发展的文化现象。民族体育的地域特色既强调了它一定具有地域的界限,且表现出地域内部体育行为所具有的相似性和连续性,以及与其他地域的差异性,还表现出它一定有着某地域特定的体育文化印记和功能且向外辐射。时代性是指不同的时间性,即不同的时期性。时代性具有时间箭头,且是一个唯一的时间箭头,即人类社会发展不断地由低级走向高级,使得民族体育文化也会不断地由简单走向多元。

其次,坚持民间体育特色。民间体育是指在民间广泛流传的、具有鲜明的民族风俗和地方特色的传统体育形式。民间体育是随着人们的精神文化、生活需要而产生和发展的,并依据人类生存的自然环境、社会环境和历史发展进程而不断演变与前行,因而有着悠久的历史和浓郁的民族文化风格。如南通如皋的体育非物质文化遗产风筝,是我国民间开展得比较普遍的传统体育项目。早在唐代初期,风筝就是民间重要的体育娱乐活动,一直流传至今。如皋风筝俗称"板鹞",以平板六角或六角变形的"七连星"至"十九连星"造型居多。一般大小都要在一米以上,最大的竖起来有四五米高,需卡车运载。如皋风筝保存了古代"弦响碧空称风筝"的特点,其板鹞上缀满了哨口,大小不一,下部的特大哨口选用葫芦、毛竹、白果、龙眼、乒乓球等制成,从而表现出独特的音响效果。大板鹞需要多人拉放,升空后大中小哨口分别发出低中高音,悦耳动人、声及数里,宛似"空中交响乐"。民间体育的特征主要体现在两个方面:一是民间体育一定是在民间流传的健身娱乐项目,并表现出鲜明的民间风格;二是民间体育具有民族气息和地方色彩,并与民众的日常生产生活密切关联。仍以风筝为例,苏州民间有"正月鹞,二月鹞,三月放个断线鹞"的说法,即认为清明节放断鹞可以去除人的一切不幸和烦恼。其实不然,清明节放断鹞实际是与苏州的农事活动有关,因为从清明节开始,麦子开始拔节,所以也不再允许在广阔的麦田里放飞风筝了。

图 2-1　南通风筝博物馆

图 2-2　南通板鹞风筝:学习鹞

图 2-3　红楼梦人物鹞:七连星板鹞

图 2-4 拜寿图:十九连星板鹞

图 2-5 双龙戏珠"哨声"(南通版鹞风筝中起领唱作用的最大一个哨口)

图 2-6 "哨声":由葫芦制成,直径 32 cm

最后,坚持民俗体育特色。民俗体育是指由一定民众所创造,为一定民众所传承和享用,并融入和依附于民众日常生活的风俗习惯之中的一种集体性、模式性、传统性和生活化的体育活动。民俗体育的产生与发展,总是顺应一定地区的人类生存环境,包括政治的、经济的、宗教的、文化的等,吻合该地区绝大多数人群的思想信仰、风尚习惯、情趣观念和生活方式。因此风俗体育一旦形成,其自身便具有了内在发展的生命力,表现为活力四射。这是因为民俗体育随着时间的推移而总是不断地在民间风俗、民间文化和民间生活方式之间流动,从而导致了这样的体育形态既是体育,也是风俗,更是生活。例如苏州的体育非物质文化遗产项目端午龙舟,就起源的文化意义而言,它是为了纪念含冤而死的吴国大夫伍子胥,即所谓"五月五日迎伍君,逆涛而上,为水所淹,谓东吴之俗,事在子胥,不关屈氏"(曹娥碑)。每逢端午节,必有划龙舟。这已成为苏州地方几千年来经久不衰的民间风俗。而且每当端午时节的龙舟竞渡,游人总会"投鸭于河,龙舟之人争入水相夺"(吴县志),以为娱乐。所以民俗体育无不凸显了以下重要特征:第一,人们参加民俗体育活动主要出自信仰和有倾向的激情,其观念和意向都比较明确;第二,民俗体育往往成为了一个地方甚至一个民族的文化传统,具有相当的时空跨度;第三,民俗体育有比较严格的规范,并且参与者都能够自觉遵从和维护;第四,民俗体育的活动主体是广大的普通民众,其通常表现出全民参与、全民娱乐的色彩;第五,民俗体育极具竞技特色和文化色彩,因而社会教育意义通常比较浓厚。

体育非物质文化遗产活态传承适合地域的特征。地域通常是指一定的地域空间,是自然要素与人文因素作用形成的综合体。地域特征包括了区域性、人文性和系统性。体育非物质文化遗产活态传承的地域性,强调的是一种体育人文的地域景观。例如,在江苏省的体育非物质文化遗产龙舞文化中,有多达13种龙舞项目:南京市的栖霞龙舞、高淳龙舞、江宁龙舞;常州市的金坛龙舞、新北区龙舞;无锡市的江阴龙舞、惠山龙舞;泰州市的兴化龙舞;镇江市的丹阳龙舞;南通市的海安苍龙舞、罗汉龙舞;扬州市的江都龙舞;苏州市的昆山龙舞等。各地的龙舞有着各地的区域文化特色。例如,无锡市的惠山玉祁龙舞是一条身长205米、由100多人共同舞动的长龙。它能够在一条只有扁担宽的祁社老街上辗转腾挪、上下翻滚。玉祁龙舞既有北方舞龙的刚猛,也有南方舞龙的柔美,可谓动静结合、刚柔相济、相得益彰。而且,无论是其流传至今的传统表演,还是道具制作、舞蹈动作以及打击乐演奏等,均充分表达了江南水乡人民对美好生活的赞美和憧憬,有着浓厚的地方文化特色。

(2)体育非物质文化遗产活态传承的现代生活方式问题。生活方式有狭义和广义的区分。狭义是指个人或家庭的日常生活活动方式,包括衣食住行及休闲时间的利用等。广义则指人们一切生活活动的典型方式和特征的总和,包括劳动生活、消费生活和精神生活等活动方式。体育非物质文化遗产是中华体育文化多样性的体现,其所蕴含的中华体育特有的精神价值、思维方式、想象力和文化意识,是维护我国体育文化身份和体育文化主权的基本依据。

体育非物质文化遗产活态传承与现代人生活方式的密切关系表现在:第一,体育非物质文化遗产活态传承可以帮助现代人调剂业余生活。现代社会的重要特征之一是工作节奏普遍加快,交通出行非常便捷,生活压力普遍增大,人们需要一种适宜的慢生活体验。而体育非物质文化遗产是农耕文明孕育的结果,农耕文明的内敛式生活方式与文化传统,恰恰凸显了小农经济自给自足的慢生活节奏,农闲时吐纳呼吸,打拳舞剑;丰收时感谢苍天,舞龙舞狮,因而现代人可以从体育非物质文化遗产活态传承中去体验到这种慢生活节奏。第二,体育非物质文化遗产活态传承可以增加现代人的生活乐趣。睡眠不足、营养过剩、体力活动缺乏,是现代人生活的普遍现象。由此,现代人不仅可以利用体育非物质文化遗产项目作为锻炼身心的手段,而且可以从体育非物质文化遗产活态传承中寻找到特有的锻炼乐趣。第三,体育非物质文化遗产活态传承可以帮助现代人更好地记住乡愁。此外,立志终身学习、注意休闲放松、寻找儿时记忆,也是现代人生活中的一种普遍追求。人们在展望诗和远方的同时,也需要不断回顾以往,体育非物质文化遗产的活态传承恰恰可以帮助人们去"抓住"童年,去记住乡愁。

总之,地域民俗与现代生活方式,两者之间既有着相互的独立,也有着历史的传承。相互独立是指体育非物质文化遗产总是带着地域文化的色彩,表现出自己的发展个性;历史传承则强调现代生活方式总留有民族、民俗、民间文化的历史印痕,保存有历史的文化传统。所以体育非物质文化遗产活态传承在带给人们历史体验的同时加强了现代人对历史的文化记忆。

5. 体育非物质文化遗产活态传承的文化品牌与产业市场化关系

(1) 体育非物质文化遗产活态传承的文化品牌问题。文化品牌是给文化企业带来溢价、产生增值的一种无形资产,它是文化企业产品质量、商业信誉、企业文化和运营管理的综合表现,其本质就是消费者对文化产品和服务的一种内在感受。体育非物质文化遗产活态传承的文化品牌建设是如何将自己的体育非物质文化遗产文化产品同市场上其他体育非物质文化遗产文化产品清晰地区分开来。而区分的基础则是建立在体育非物质文化遗产的文化产品价值上,即产品的用户价值和产品的自我价值。

体育非物质文化遗产文化品牌的用户价值。所谓用户价值,主要包括产品的功能、质量、价值等内在要素。不同的体育非物质文化遗产文化项目有着不同的品牌功能。例如,舞龙舞狮所表现的功能,主要提供集体性的观赏娱乐;打陀螺、抖空竹所表现的功能,更多的是自娱自乐的自我感受和体验;武术、气功所表现出的功能,主要是希望能够发挥强身健体、自卫防身的作用等。相同的体育非物质文化遗产项目,有着不同的品牌质量。由于质量是产品优劣程度的反映,所以相同的体育非物质文化遗产项目市场影响力,通常是由产品质量的高低决定了其市场影响力的大小和受欢迎的程度。当然,无论是不同项目的品牌功能,还是相同项目的不同质量,其价值都无非是由产品的使用价值和创造产品的劳动价值所构成的。与经济产品价值不同的是,作为体育非物质文化遗产产品的价值,是人类精神智力创造的物化形态,即它可直接作用于人的精神领域,满足人们的精神需要,从而成为区别于其他经济产品的本质特征。

体育非物质文化遗产文化品牌的自我价值。所谓自我价值,主要包括产品

第二章 乡村振兴战略与体育非物质文化遗产活态传承的理论分析

的知名度、美誉度、普及度等外在要素。知名度是指别人对产品的认识和认可度。体育非物质文化遗产项目被知道的人越多,代表其知名度也越高,其在市场经济条件下可传播的概率也越大。比如,在体育非物质文化遗产文化项目中,太极拳不仅为中国人所认识,而且为世界所认可。在一定意义上说,太极拳就是中国传统体育文化的象征和代表,甚至有外国人认为,只要是个中国人就一定会打太极拳,这就是文化产品的知名度。美誉度是指品牌获得社会公众支持和赞誉的程度。品牌美誉度是品牌力的组成部分,也是现代企业形象塑造的重要组成部分。作为体育非物质文化遗产文化项目,要想在激烈的文化市场竞争中获得大众的好感和信任,是需要认真打造的。在市场经济日益发展的今天,品牌美誉度已经成为文化企业占领市场的制胜法宝。所以说美誉度永远是无价的,它是企业发展中最宝贵、最可靠、最稳定的市场资源。普及度是指产品存在的范围,即产品普及的程度。由上可见,体育非物质文化遗产的文化企业不仅能通过文化品牌的打造获得经济效益,而且还能通过文化品牌的推广产生深远的社会效益。正是在这个意义上,文化品牌的知名度、美誉度、普及度等不仅决定了体育非物质文化遗产项目的市场影响力,而且决定了体育非物质文化遗产项目在文化市场发展的生命力。

(2) 体育非物质文化遗产活态传承的产业市场化问题。产业是指一个经济体中有效运用资金与劳动力从事生产或服务的各种行业。体育非物质文化遗产属于文化产业,是从事文化服务的行业。体育非物质文化遗产的产业市场化,其实质就是在一个开放的文化市场中,以市场需求为导向,以市场竞争的优胜劣汰为手段,从而实现体育非物质文化遗产文化资源的充分合理配置,以达到市场效率最大化目标的机制。

这就是说,体育非物质文化遗产活态传承的产业市场化首先要解决两个重要问题,即需求导向和优胜劣汰。第一,关于需求导向问题。需求导向也就是需要导向,是一种以满足消费者需求为导向的营销观念。这里主要是强调体育非物质文化遗产项目在文化市场发展中,要坚持以市场需求为导向,主动适应文化市场的需求变化,拓展经营领域,丰富服务内容,提升服务质量,以满足市场的多样化、个性化需求。第二,关于优胜劣汰问题。体育非物质文化遗产项目的产品发展,除了如何去占领文化市场且提高市场占有率等良好的发展愿望以外,还需要有优胜劣汰的手段调节。这就要求体育非物质文化遗产项目在不断提高产品品质的同时,更要不断提高产品的服务质量,争取形成品牌甚至成长为体育非物质文化遗产文化产品中的名牌。

其次,体育非物质文化遗产活态传承的产业市场化要实现两个基本目标,即资源的合理配置和市场效益最大化。第一,实现资源的合理配置目标。社会经济活动中的资源通常包括人力、物力和财力。资源配置通常表现在一是对资源的空间配置;二是对资源的时间配置。然而不管是空间还是时间的配置,其关键是"合理"二字,即如何将这些人力、物力、财力等资源,运用先进的科技管理手段进行系统的合理改造、设计、组合与布局,从而使体育非物质文化遗产文化市场效益得到持续稳定的发展。同时,这也是实现资源合理配置的目标。第二,市场效益最大化目标。这里的市场效益,实际是指体育非物质文化遗产企业的经营效益,即企业生产经营过程中所获得的效益,它包括体育非物质文化遗产企业在市场活动中所获得的经济效益和社会效益两部分。然而问题的关键不仅仅是限于取得效益,更要求企业在文化市场的发展中,不断去寻求和争取市场效益最大化。

总之,体育非物质文化遗产活态传承的文化品牌和产业市场化,是市场经济条件下相辅相成的两个核心要素,关系到文化产业发展中需要面对和解决的重要实际问题。通过发展文化品牌,可以为体育非物质文化遗产项目赢得更大的文化市场。文化市场发展,则可以为体育非物质文化遗产的文化品牌搭建更高的营销平台,从而创造更多更好的经济效益和社会效益。

第三章

江苏体育非物质文化遗产传承现状与对策

第一节
江苏体育非物质文化遗产传承现状

一 文化体育部门重视对体育非物质文化遗产的挖掘整理，并能进行有效的保护

1. 形成保护名录体系

在江苏省各级政府的关心和指导下，江苏省的体育非物质文化遗产保护工作取得了重大成就，国家、省、市、县四级保护名录体系已基本形成。江苏体育非物质文化遗产最早进入国家级保护名录是2008年国家第二批公布的名单。迄今为止（2022年12月），江苏省共有体育非物质文化遗产四级保护名录278项，其中国家级保护名录11项；省级保护名录49项；地市级保护名录184项；县区级保护名录34项。

表3-1 江苏省体育非物质文化遗产四级保护名录

序号	国家级（备注）	省级（备注）	地市级（备注）	县区级（备注）
1	溱潼会船			
2	竹马（邳州跑竹马）			
3	龙舞（骆山大龙）			
4	竹马（东坝大马灯）			
5	建湖杂技（十八团杂技）			
6	金坛抬阁			
7	龙舞（直溪巨龙）			
8	竹马（蒋塘马灯舞）			
9	茅山会船			
10	泰兴花鼓			
11	掼石锁（泰州海陵）			

(续表)

序号	国家级(备注)	省级(备注)	地市级(备注)	县区级(备注)
12		凤羽龙(无锡市惠山区)		
13		江浦手狮(南京市浦口区)		
14		麻雀蹦		
15		莲湘(甪直连厢)		
16		沛县武术		
17		抬阁(东山抬阁)		
18		殷巷石锁赛力		
19		阳湖拳(常州市武进区)		
20		彭祖导引养生术(徐州市)		
21		竹马(淮阴马头灯舞)		
22		竹马(湾北小马灯舞)		
23		竹马(南辰跑马灯舞)		
24		竹马(蒋塘马灯舞)		
25		龙舞(栖霞龙舞)		
26		龙舞(长芦抬龙)		
27		龙舞(段龙舞)		
28		龙舞(沙沟板凳龙舞)		
29		龙舞(太平龙灯)		
30		狮舞(铜山高台狮子舞)		
31		狮舞(丹阳九狮舞)		
32		睢宁龙虎斗		
33		高跷(沛桥高跷)		
34		跳当当(南京市溧水区)		
35		抬判(南通市通州区)		

(续表)

序号	国家级(备注)	省级(备注)	地市级(备注)	县区级(备注)
36		铜山北派少林拳		
37		龙舞(玉祈龙舞)		
38		龙舞(海安苍龙舞)		
39		龙舞(海安罗汉龙舞)		
40		龙舞(江都丁伙龙舞)		
41		狮舞(邳州舞狮)		
42		打罗汉(南京市高淳区)		
43		渔舟剑桨(无锡市)		
44		抖空竹(南京市秦淮区)		
45		湖甸龙舟会(常熟市)		
46		无锡花样石锁		
47		海陵掇石锁		
48		姜堰掇石锁		
49		孙式太极拳(镇江市)		
50		史式八卦掌(溧阳市)		
51		刘氏自然拳(连云港市)		
52		形意拳(灌云县)		
53		江南船拳		
54		六步架大洪拳(丰县)		
55		十五巧板(扬州市邗江区)		
56		陆家段龙舞		
57		竹镇高跷		
58		临泽高跷		
59		盾牌舞(宜兴市)		
60		上鹞灯(常熟市)		

(续表)

序号	国家级(备注)	省级(备注)	地市级(备注)	县区级(备注)
61			茅山甩石锁	
62			飞镗(南京市)	
63			金陵甘凤池武术	
64			六月六龙舟竞渡	
65			史氏八卦掌(南京市秦淮区)	
66			跳五猖(南市市高淳区)	
67			打社火(溧水)	
68			长芦抬龙	
69			阳江打水浒	
70			小马灯(南京市高淳区)	
71			丹阳龙灯	
72			古柏跳八恺	
73			竹镇手狮舞	
74			龙都娃娃鼓	
75			桠溪狮子灯	
76			西宋马灯	
77			幕府登高习俗	
78			花毽(镇江市)	
79			芦江张家镗	
80			马灯阵舞	
81			扬中九狮图	
82			掮轮车(常州市)	
83			常州南拳	
84			遥观鹞灯	
85			常州划龙舟	

(续表)

序号	国家级(备注)	省级(备注)	地市级(备注)	县区级(备注)
86			常州高跷	
87			常州潞城猴拳	
88			溧阳竹马灯	
89			万绥猴灯	
90			太平龙灯	
91			马灯(常州市金坛区)	
92			回民马灯	
93			调犟牛	
94			芙蓉荡湖船	
95			孟河古村太平青狮	
96			竹簧青狮	
97			上宅里将军马灯	
98			孟河四爪太平神龙	
99			九连环(无锡市)	
100			滨湖荡湖船	
101			江阴荡湖船	
102			滨湖马灯舞	
103			宜兴马灯舞	
104			九狮舞	
105			甘露狮舞	
106			西乡狮子舞	
107			网龙	
108			荡口舞龙	
109			滨湖蚌舞	
110			江阴蚌舞	
111			猴棍	
112			摇快船(苏州市)	
113			昆山摇快船	

(续表)

序号	国家级(备注)	省级(备注)	地市级(备注)	县区级(备注)
114			摇大橹	
115			舞龙灯	
116			北桥开口船头拳	
117			滚灯	
118			浒浦花鼓	
119			海安连厢	
120			荡湖船	
121			常熟滚灯	
122			太仓连厢	
123			苏州工业园连厢	
124			戚家拳(南通市)	
125			石港戏曲谜盘	
126			南通长牌	
127			王家拳	
128			如皋莲湘	
129			稍子灯	
130			海安花鼓	
131			荡旱船	
132			九狮图	
133			泰兴斗金叶子(泰州市)	
134			兴化判官舞	
135			千户狮子舞	
136			兴化高跷龙舞	
137			牵驴花鼓	
138			临泽高跷(扬州市)	
139			月塘玩石锁	
140			新城踩高跷	

(续表)

序号	国家级(备注)	省级(备注)	地市级(备注)	县区级(备注)
141			扬州撂石锁	
142			宝应河蚌舞	
143			黄塍跑马阵	
144			月塘镗叉舞	
145			武坚莲湘花鼓	
146			扬州龙舞	
147			临泽狮盘狐舞	
148			西安丰莲湘舞	
149			许河杂技(盐城市)	
150			射阳杂技	
151			大丰抖空竹	
152			义丰龙舞	
153			建湖九狮图	
154			盐都打莲湘	
155			三人花鼓	
156			跑旱马	
157			东沟龙舞	
158			恒济龙舞	
159			花担舞	
160			利民木兰龙舞	
161			秦南青狮舞	
162			东台打莲湘	
163			石锁功(淮安市)	
164			游身八卦连环长剑	
165			洪泽湖地区风筝制作与放飞	
166			梅花拳	
167			山阳棋艺	

(续表)

序号	国家级(备注)	省级(备注)	地市级(备注)	县区级(备注)
168			仇桥杂技	
169			淮安掼蛋	
170			马灯舞	
171			泾口高跷	
172			盱城渔鼓	
173			龙舞	
174			金湖莲湘	
175			洪泽湖水上舞龙、黎城龙舞	
176			舞狮	
177			陈桥花船舞	
178			楚州舞狮	
179			淮安莲湘	
180			杨家荡高跷	
181			仇集打钱杆	
182			拾石籽(徐州市)	
183			丰县石老道养生术	
184			丰县八极拳	
185			八卦太极拳	
186			睢宁八匹马	
187			拔河(连云港市)	
188			汪其魔杂技魔术	
189			连云港传统游艺	
190			灌云传统游艺	
191			灌南传统游艺	
192			海州抬阁	
193			赣榆民间游艺	
194			洪派陈式太极拳	

(续表)

序号	国家级(备注)	省级(备注)	地市级(备注)	县区级(备注)
195			灯谜	
196			朱氏顶技	
197			少林拳功法	
198			武当拳	
199			峨眉十二庄	
200			太极拳(连云港市连云区)	
201			太极拳(连云港市东海县)	
202			太极拳(连云港市灌云县)	
203			鹰猎技艺	
204			一指禅	
205			形意大成拳	
206			八卦掌	
207			铁砂掌	
208			咏春拳	
209			查拳	
210			杂技	
211			龙舞	
212			狮舞	
213			打莲厢(连云港市赣榆区)	
214			打莲厢(连云港市东海县)	
215			打莲厢(连云港市海州区)	
216			赣榆高跷	
217			赣榆蚌舞	
218			赣榆舞龙	

(续表)

序号	国家级(备注)	省级(备注)	地市级(备注)	县区级(备注)
219			海州舞龙	
220			舞狮(连云港市东海县)	
221			老古墩女子舞龙	
222			盐坨高跷	
223			打梭(宿迁市)	
224			桑墟纸牌	
225			六路周(六六周)	
226			徐家杂技	
227			大兴旱船	
228			泗洪洪泽湖渔鼓	
229			高渡花船	
230			潼河龙舞	
231			董王高跷	
232			顺河龙舞	
233			裴圩舞狮	
234			侍岭舞狮	
235			潼河舞狮	
236			曹甸高跷	
237			新袁高跷	
238			前庵龙舞	
239			抬阁·架阁	
240			宋集跑驴	
241			跑驴	
242			高渡跑驴	
243			北丁集跑驴	
244			丁嘴跑驴	
245				打叉(南京市高淳区)

(续表)

序号	国家级(备注)	省级(备注)	地市级(备注)	县区级(备注)
246				龙舟竞渡(南京市高淳区)
247				金陵邓钟山武术(南京市秦淮区)
248				打水浒(南京市溧水区)
249				高台狮子(南京市溧水区)
250				刘庄双龙(丹阳市)
251				九狮舞(丹阳市)
252				花键(丹阳市)
253				抬阁(丹阳市)
254				宋村关公舞(溧阳市)
255				社渚龙舞(溧阳市)
256				杨树沟划龙船(溧阳市)
257				前马舞青狮(溧阳市)
258				曹林荡旱船(溧阳市)
259				小杨双龙舞(溧阳市)
260				赛龙舟(常州市武进区)
261				大七拳(常州市武进区)
262				太平大刀(常州市武进区)
263				舞马叉(常州市武进区)
264				荡湖船(常州市新北区)
265				孟河固村太平青狮(常州市新北区)

(续表)

序号	国家级(备注)	省级(备注)	地市级(备注)	县区级(备注)
266				抖空竹(常州市新北区)
267				蔡秋华魔术(常州市新北区)
268				常州陀螺(常州市新北区)
269				太极拳(常州市新北区)
270				常州高跷(常州市新北区)
271				大刀舞(宜兴市)
272				长圩赛龙舟(宜兴市)
273				利泰高跷(太仓市)
274				矛子舞(太仓市)
275				抛石锁(太仓市)
276				周市舞狮(昆山市)
277				内劲一指禅(苏州市相城区)
278				昆山撂石锁技艺
合计	11	49	184	34

注:统计时间止于2022年12月;同一地域的同一项目按其最高保护级别只统计一次。

2. 保护传承措施落实到位

江苏省市、地、县各级政府都非常注意和重视对体育非物质文化遗产文化的挖掘、整理与保护,并建立了一系列的保护传承措施。首先,政府通过颁布一系列法规政策,为体育非物质文化遗产文化的传承与保护提供制度性保障。2006年公布《江苏省非物质文化遗产保护条例》(2013年修订),2013年颁布《苏州市非物质文化遗产保护条例》,2018年颁布《扬州市非物质文化遗产保护条例》,2020年颁布《江苏省非物质文化遗产代表性传承人认定与管理办法》,这些地方性法规均明确规定体育非物质文化遗产属于非物质文化遗产保护工作的重要内容。2022年,江苏省委办公厅省政府办公厅印发《关于进一步加强非物质文化遗产保护工作实施意见》的通知,进一步推动江苏省非物质文化遗产保护好、传承好、利用好,并在实行项目分类保护里明确提出了"推动传统体育、游艺纳入全民健身活动"。此外,为推动江苏省非物质文化遗产创造性转化、创新性发展,江苏省文化和旅游厅近年颁发了一系列政策。如2020年《江苏省非遗旅游体验基地认定与管理办法(试行)》里提到,省级非遗旅游体验基地每3年组织一轮认定工作,对省级非遗旅游体验基地在纳入江苏省旅游线路、申报非遗优秀实践案例及省级非遗专项资金等方面予以倾斜。2021年《江苏省无限定空间非遗进景区工作指南(试行)》里更是明确了江苏省无限定空间非遗景区示范项目的评价指标,且有具体分数指标,同年还颁布了《江苏省文化和旅游产业融合发展示范区建设指南(试行)》。2023年,为加强非物质文化遗产保护传承,推动巩固拓展脱贫攻坚成果同乡村全面振兴有效衔接,江苏省文化和旅游厅、江苏省人力资源和社会保障厅、江苏省乡村振兴局联合印发了《关于建设非遗工坊助力乡村振兴的实施意见》,从广泛吸纳就业、培养优秀人才、提升创新能力、拓宽营销渠道、加强宣传推广等方面对建设非遗工坊提出了一系列具体要求,并同步印发了《江苏省级非遗工坊申报设立指南》,从中明确省级非遗工坊设立条件、标准、程序等内容。这些政策的出台,为江苏省体育非物质文化遗产的传承和发展提供了有力保障和发展思路。

其次,鼓励各地区在力所能及的范围内,为体育非物质文化遗产的保护传承和社会传播提供人力、财力支持。其中苏州市对江南船拳的挖掘整理与保护工作尤为突出。苏州市体育局牵头专门成立江南船拳申遗协调组,组织力量进行抢救性挖掘,除对传承人专门进行录音录像外,还编辑出版了《苏州相城北桥开口船拳图集》《常熟沙家浜船拳图集》等资料档案。同时还建立了一批江南船拳的传承基地和展演基地,并给予适当的专项经费资助。从2012年起,苏州市体育局就先后向4家江南船拳的传承基地(沙家浜文体站、越溪实小、北桥镇文体站、苏大体院民族传统体育系)每年拨出5万元引导资金,并要求相关县区文体局再配套5万元经费。2016年,他们又分别授予3家旅游单位(沙家浜景区、石湖滨湖景区、枫桥风景名胜区)为江南船拳传播(展演)基地,并一次性拨付2万元扶持资金,以保证体育非物质文化遗产"文化＋旅游"模式的运行。此外,他们还完成了全市统一推广的苏州江南船拳初级校本教材,保证了体育非物质文化遗产项目能够更好地进校园、进社区、进景区。

二 注意对体育非物质文化遗产的传承推广,并在学校和社会两方面发力

1. 重视学校推广的教育传承

学校历来是乡村文化的聚集地,也是乡村文脉传承最为神圣的殿堂。如南通海安的曲塘中学,他们将海安地区的体育非物质文化遗产项目龙舞引进了校园,其主要以海安罗汉龙、曲塘苍龙和扁担龙等运动形式为蓝本,打造了适合曲塘中学师生的龙舞训练、龙文化体验和手工扎龙等特色课程。为了保障龙舞课程的教学质量,曲塘中学还专门聘请杨培杰、华江明、王小莲、乔健、殷小存、吉荣萍、毛文林等当地的龙舞传人及艺人为学校龙舞课程的校外指导老师。在2020年10月6日的曲塘中学第62届秋季田径运动会上,高二年级舞龙队的同学们舞动着两条栩栩如生、神采奕奕的彩龙进入场地,应和着铿锵的音乐,时而二龙戏珠、时而蟠龙飞天,气势磅礴、精彩纷呈,在全校师生员工面前展示了他们学习舞龙文化的成果。在曲塘中学,他们认为开设具有地方特色的体育非物质文化遗产项目龙舞,有利于培养学生爱国主义和集体主义的思想品德,树立正确的体育道德观,并能够在学习和训练的过程中充分展示出当代中学生所具有的勇敢顽强、团结进取、开拓创新的精神风貌。同时,龙舞活动的道具具有费用低、购置渠道广的优势,且龙身、龙头的大小、长短和重量均可以根据不同年级、不同性别学生的实际情况而改变,龙的颜色和图案还能根据学生对龙舞的审美而改变等,从而可以保证学校的龙舞活动能够因地制宜、因人制宜地开展下去。总之,通过开设舞龙课程不仅让学生掌握到了传统的舞龙技艺,在学习和训练的过程中获得了强体健身的实效,同时还使他们感受到了传统体育非物质文化遗产文化的独特魅力,加深了他们对自己家乡本土文化的认同。

在江苏省扬州市的宝应县,为深入实施素质教育,树立全面的教育质量观,他们曾于2017年12月在县实验小学开展了"2017年宝应县小学生核心素养体艺才情县级展示活动",全县共有24所小学的数百名学生代表参加,活动要求各校推荐四年级10~16名学生进行体育艺术项目五分钟的现场展示。在体育艺术传统项目现场展示中,有10多所学校选择了体育的内容,其中不仅有民族传统项目的武术、太极拳,有现代的足球、乒乓球,更有许多影响当地的体育非物质文化遗产项目跑马阵、打连湘等,以及少数民族的体育非物质文化遗产项

目跳竹竿舞等。在 2018 年连云港市"传统文化进校园"活动中,海州高级中学的"非物质文化遗产展厅"迎来了一批特殊人士——荷兰卡尔斯中学留学生。这群"洋学生"参观了"中国非物质文化遗产—木版年画藏品展""西游记与连云港剪纸展",观看了传统武术太极拳、刘氏自然拳的教学传承活动。而剪纸、面塑、葫芦画、糖画、黑陶、风筝制作、传统武术太极拳等 15 个非物质文化遗产项目代表性传承人现场展示技艺,让他们更有机会感受中国传统文化的魅力,其中包括众多的体育非物质文化遗产文化。

2. 依托文化认同的社会传承

在南京市高淳区的桠溪街道大山村,伴随着阵阵锣鼓声,经常有当地的体育非物质文化遗产项目荡旱船的现场表演。荡旱船也称荡湖船、划水船,来源于对禹王治水的歌颂。这是生活气息较强的一种表演,通过一系列水上活动的动作模仿,可以将人们带进具有身临其境的真情实感中。其中唱词内容丰富,唱腔以流行的地方民间小调为基础,音乐伴奏朴实无华。演唱形式除表演者的同唱、对唱外,也可附带一个坐唱队,以烘托气氛。但通常情况下是带有音乐伴奏的边唱、边歌边舞,极富乡村文化特色和江南水乡气息。桠溪街道的荡旱船早在民国时期就已流行,其表演的内容也很丰富,既有船内的小姐姐和船夫,也有挑花篮、蚌舞和大头娃娃。每逢民俗节日即串村走组表演,很受百姓的欢迎。现在桠溪街道荡旱船的传播者,是已经年过六旬的赵成华。他介绍说,过去荡旱船挑花篮的都是平均年龄在 10 岁左右的小姑娘,而如今他所组织的则是村里的老年退休朋友,表演者的平均年龄都已经在 50 岁以上。他们这支由 25 人组成的荡旱船队属于民间自愿组织,大家都是自筹资金。他们走在一起是因为有共同的兴趣和爱好,他们的目的也只有一个,即将这项体育非物质文化遗产保护好、传承好,并不断为当地的父老乡亲带去欢笑和快乐。

在昆山市,省级非物质文化遗产项目陆家段龙舞活动得到蓬勃发展,各村(社区)、学校和企事业单位先后组建了 30 多支舞龙队和小龙队,包含舞龙手近千人,且涵盖老中青各个年龄层人群。在此过程中,陆家镇坚持传承与创新相结合,使龙舞文化在陆家镇重新焕发出蓬勃的生命力和创造力。施振芳说,"从今年开始,我们也将围绕打造'童趣文化'品牌,在龙舞文化的传承和发展中,更加注重培养小学、中学青少年舞龙队"。目前,陆家镇两所学校的 4 支舞龙队已经组建完毕,每周定期开展舞龙训练。他们还设计了代表陆家镇的卡通形象人物:龙宝"菉菉"和"葭葭",并举办了首届"童趣陆家·萌宝大赛"。此外,陆家镇将规划建设陆家舞龙文化展示馆,旨在展示关于陆家段龙舞的历史渊源、演变发展、传承创新的历程,丰富和完善陆家段龙舞文化的内涵,让百姓对陆家段龙舞文化有更直观和系统的认识①。

三 重视对体育非物质文化遗产的传承人保护,并鼓励和安排师徒结对传承

1. 做好传承人保护工作

保护传承人就是保护体育非物质文化遗产。与物质文化的保护不同,非物质文化遗产只有依附于人或群体的意识和实践才能留存下来,因而它属于一种"动态文化"。正是从这个意义上说,保护体育非物质文化遗产文化,其最核心的保护,就是如何保护"人"的问题。这里的"人",主要指"传承人"。也就是说,只有首先将体育非物质文化遗产的传承人保护好,才有可能真正实现或做好对体育非物质文化遗产文化的技艺传承、知识传承、文化传承。人的因素永远是第一位。

对体育非物质文化遗产传承人的保护,需要切实可行的机制。在《江苏省非物质文化遗产保护条例》中,就涉及体育非物质文化遗产传承人的权利,这是保护工作中首要解决的问题。权利包括了传承人可以向他人提供自己掌握的体育非物质文化遗产知识、技艺和技能,以及与这些知识、技艺、技能相关的原始资料、实物、建筑物和场所等,还包括向他人提供适宜的体育非物质文化遗产产品和服务。体育非物质文化遗产传承人在进行以上的文化传承和传播过程中,可以或应该获得相应的劳动报酬。而对于那些开展传承活动存在经济困难的体育非物质文化遗产传承人,则可以向县级及以上人民政府,以及文化主管部门,提出资助申请等。同时,保护条例中也对体育非物质文化遗产传承人所应该履行的义务进行了规定,并提出了具体要求,包括对所掌握的体育非物质文化遗产知识、技艺、技能,以及与这些知识、技艺、技能相关的原始资料、实物、建筑物和场所等,怎样进行妥善的保存和保护;如何发现和培养好项目传承的

---

① 荔枝网.苏州昆山陆家段龙舞舞出一段600年的传说与芳华[EB/OL].(2018-01-28)[2022-03-15].http://news.jstv.com/a/20180128/1517195381532.shtml.

接班人;如何做好体育非物质文化遗产文化的公益性宣传与交流、传播;以及怎样配合文化主管部门或相关体育部门以及研究机构,不断做好体育非物质文化遗产文化的深入调查、挖掘和整理等。

对体育非物质文化遗产传承人的保护,需要实实在在的措施。体育非物质文化遗产传承人大都生活在社会基层,给他们创造适宜的生存环境,提供一定的生活补贴,则是实实在在的保护措施。中国财政早在 2008 年就开始实行对国家级体育非物质文化遗产传承人提供每年 8 000 元的生活补贴标准。而且,随着国家财政力量的不断提升,这一生活补贴标准在 2011 年被提高到每人每年 10 000 万元。到 2016 年,国家又将这一生活补贴标准提高到每人每年 20 000 万元。江苏省对省级体育非物质文化遗产传承人也给予了每人每年 8 000 元的补贴标准,高于安徽省的 7 000 元和福建省的 6 000 元标准。在江苏省的地市政府,也都有对市级体育非物质文化遗产传承人的补贴。其中如盐城市标准是每人每年 2 000 元,苏州市的标准是每人每年 3 000 元(要求年满 65 岁)。

2. 鼓励和安排师徒结对

体育非物质文化遗产活态传承的载体是传承人。无论是传统的民间武术传承人,还是传统的体育舞蹈传承人;无论是传统的体育民俗传承人,还是传统的体育养生传承人,但凡那些民间的传统体育技艺,都集中在这些传承人身上。如果没有了他们,就没有体育非物质文化遗产的传承。因此,注意对江苏省体育非物质文化遗产项目传承人的重视、保护与扶持,便成为江苏省体育非物质文化遗产活态传承需要解决的又一个重要问题。对于这些传承人,政府不仅应该给予他们相应的社会地位和荣誉,给予他们一定的经济补贴和资金帮助,而且要为他们提供招收弟子的政策与方便,以保证体育非物质文化遗产项目能够一代代地传承下去。

在苏州市相城区北桥街道,从 2011 年起,江南开口船头拳传承人就开始有意识地组织和动员进行江南开口船头拳的师徒结对。他们在新北村设立开口船头拳联系场所,先后组织市级传承人楼明生、尤林根等现场招收徒弟。其中楼明生招收了秦荣芳、楼静娟等 8 名弟子,尤林根招收了吕建青、华巧红等 5 名弟子。通过师徒结对的传承方式,使江南船拳中的开口船头拳得到了很好的传承。如时年已 85 岁的市级传承人尤泉根的徒弟吴林根,继承了师傅的"程咬金宣花斧开口拳",在一些比赛中屡获金牌。尤林根的徒弟吕建青,现在也已经是北桥船头拳的中坚力量,经常作为领队带徒弟们外出表演、比赛。可见,师徒传承是体育非物质文化遗产文化传承的重要方式,通过口传身授能够将拳种的风格、特点、技艺、技能更原汁原味地保存下来。连云港市形意拳传承人马士超,也曾于2017年12月在县政府领导的见证下,在江苏省灌云县举行了招收徒弟的仪式,2名新弟子万朝阳、彭小尚按照传统仪式拜师。师傅的希望是德艺双修,勤学苦练,为传承中华传统文化而努力;弟子则表示一定要尊师重道,恪守门规,努力传承恩师所授技艺。

第二节

江苏体育非物质文化遗产传承的主要问题

一 体育非物质文化遗产传承人年龄偏大、队伍断层现象严重

1. 省级体育非物质文化遗产传承人年龄情况分析

江苏省从2006年开始到2020年,共计公布了五批省级非物质文化遗产传承人名单。在2020年11月公布的江苏省第五批非物质文化遗产传承人名单中,被认定的体育非物质文化遗产省级传承人共8人,他们分别是南京市殷巷石锁赛力项目传承人高容安;无锡市撂石锁(无锡花样石锁)项目传承人阚国祥;常州市史式八卦掌项目传承人程新;苏州市江南船拳项目传承人吴文祖;连云港市刘氏自然拳项目传承人刘家平;连云港市形意拳项目传承人马士超;镇江市太极拳(孙式太极拳)项目传承人霍培林;泰州市撂石锁(姜堰撂石锁)项目传承人姜宝洪。

以上8人中年龄状况分别是40年代后有2人:霍培林、姜宝洪;50年代后有3人:阚国祥、高容安、程新;60年代后有3人:吴文祖、刘家平、马士超。其中40年代和50年代后出生的,均为60岁以上老人,占有项目传承人比例的绝大多数。然而需要指出的是,体育非物质文化遗产与其他非物质文化遗产还有一个很大的不同,即体育非物质文化遗产项目需要表演者在身体运动的条件下展示自己的技艺或技能,其体力状况是重要的因素。从这个意义上说,年龄越大,其体力状况的优势越小。所以,如果是体育非物质文化遗产传承人的年龄普遍偏大,那么必然增加了对社会进行传播、推广和发展的难度,对体育非物质文化遗产项目的抢救性保护也极为不利。

2. 队伍断层现象的描述与分析

(1)队伍断层现象描述。体育非物质文化遗产的队伍断层,是非物质文化

遗产传承保护中存在的较为普遍的现象。例如,江苏的省级体育非物质文化遗产项目麻雀蹦,是流传在南京市江宁区秣陵街道、淳化街道和湖熟镇一带的民间体育舞蹈,因其以摹拟秋收后麻雀在稻场上欢蹦啄食的情态,边击鼓边舞蹈而得名。在2007年获批省级非物质文化遗产时,在它的14人传承人团队组合中,年龄最大的为83岁,65岁到71岁的有3人,51岁到56岁的有5人,41岁的有1人,18岁的有2人,14岁的有2人,其中20岁到40岁之间的人完全处于空白。这种明显的人才断层现象,必然会引发人们担心麻鹊蹦这样的体育非物质文化遗产项目在传承人培养上是否能有自己的非常之举和有效措施。

邳州的跑竹马是流传在徐州市邳州滩上镇、八路镇、官湖镇等地的一种民间自娱自乐型体育活动,2008年被列为第二批国家级非物质文化遗产项目。从当时获批的传承人年龄情况看,第三代传承人屈运胜已经是90岁老人,第四代传承人屈绍金64岁,第五代传承人张吉桂52岁,第六代传承人张同军46岁,第七代传承人张西朋22岁。在第三代和第四代传承人之间,年龄间隔了26年。在第六代和第七代传承人之间,年龄间隔也有着14年的空白。而且第六代的师传时间是1984年,第七代的师传时间则是2006年,这期间也间隔有22年之久。这些有案可稽的人才队伍断层,显然需要引起我们的高度警惕。

(2)队伍断层现象分析。在体育非物质文化遗产的传承保护中,为什么会出现严重的队伍断层现象,其原因是多方面的。首先,现代社会高度发展的城市化问题。城市化现象是社会发展的必然趋势,是现代社会工业文明的重要象征。作为工业文明标志的工业化和机械化大生产,不仅创造了一种新的社会文明状态,而且使现代的城市化进程在不断加速。原有的以农业为主的自给自足小农经济形态,不断被世界一体化的现代工业文明形态所取代;原有的以农业人口为绝对多数的中国传统乡村型社会,在不断向以农产品加工和农业服务为主体的城市化新型社会转型。在现代科学技术的不断进步和社会生产力不断发展的背景下,中国乡村的城镇化或城市化趋势已不可逆转。虽然不同专业人士对城镇化或城市化的概念解读有不同,但导致城市化的最后结果是一样的,即表现为乡村空间的不断被吞噬,对乡村人口的不断吸纳。改革开放后中国大量的农民工都涌向了城市,且主要是对乡村青壮年劳动人口的吸引。乡村人才在不断向城市聚集,必然会引发立足于乡村基础的体育非物质文化遗产的逐步遗失,首当其冲的便是体育非物质文化遗产传承与保护中的人才断层现象。其次,现代人生活方式的改变。人们工作压力大、工作节奏快,使得快餐文化更易被年轻人接受,且更符合年轻人的需要。他们对体育的要求也是更具娱乐化,或更有立竿见影的实用效果。他们希望在"玩"体育的过程中,起到对社会压力的释放和生理、心理的放松,甚至能得到社会交往的特殊情感体验,如建立起生活中的"球友""棋友"等体育关系。因此现代西方体育中的田径、球类、体操等运动更受他们的欢迎和青睐。

除以上客观因素外,还有一个重要的主观原因是有些体育非物质文化遗产项目本身,其技艺技能的传授与掌握难度较大。例如调查中发现苏州市相城区北桥街道有一种开口船拳,也称开口船头拳,其运动的形式是一边在船头上打拳,一边同时用苏州方言唱拳歌。根据专业人士考证,拳歌的曲调和旋律主要为江南民间小调,但同时带有昆曲韵味。唱词则由歌颂民间英雄人物的故事编成。这对于传承人来说,不仅要学会拳术,而且要会说苏州话,同时还要掌握江南小调的唱法,做到唱、打结合,确实难度不小。以说苏州话为例,近年来由于普通话的快速推广和普及,使得即使苏州本地的孩子也基本不讲或不会讲苏州方言了,而开口船拳的先决条件之一就是能用吴语吟唱歌词。

二 体育非物质文化遗产的社会宣传和展示不够

1. 体育非物质文化遗产文化的社会宣传不够

首先,对体育非物质文化遗产文化宣传工作的重要性认识不到位,即没有把宣传工作看成是粮草、是喉舌、是利剑的作用,甚至出现了讲起来重要,落实起来马虎的现象。需要明确指出的是,传统俗语中的"酒香不怕巷子深"在当今这个知识爆炸的时代已经不成立了,无论多么优秀的体育非物质文化遗产,事实上都离不开宣传,只有通过宣传才能使更多的民众知道它、了解它并传承和发展它。现代社会宣传舆论的社会影响力,决不能被小觑和忽视。因为对宣传工作重要性认识的不到位,带来的直接结果是人民群众对体育非物质文化遗产的传承和发展意识淡薄,甚至社会各界都还没有充分认识到体育非物质文化遗产,它就面临不断消亡的危险。之所以导致这种认识不到位,是因为新中国成立以来曾有过很长一段时间的资源匮乏和人民生活水平的低下,改革开放后又一下子受到外来文化的巨大冲击,在大量接触西方先进科技和文化的同时,我们对于自身的传统文化传承与保护并不重视。直到世界各国开始提倡尊重文化的多样性,提倡保护自身文化以建立文化自信、民族自信,我们才逐渐意识到了保护中华民族自身优秀文化传统的重要性和必要性。

其次,在体育非物质文化遗产的实际宣传工作中宣传力度不够。在我们对苏州市相城区体育非物质文化遗产项目内劲一指禅的社会调查中,曾碰到过宣传力度不够的尴尬。我们向相关部门了解到马来西亚民间成立有"阙门内劲一指禅国际协会"的组织,并办有《阙门内劲一指禅国际协会会刊》杂志,而且,这个国际协会所聘请的名誉会长阙巧生,是苏州市相城人,居住在相城区。然而他们的回答是并不知道这样的事。这可以说是标准的"墙内开花墙外香",作为相城区本地的体育非物质文化遗产在马来西亚得到了传承,而且传承得红红火火,然而我们的相关管理部门却不了解、不知道。又如我们在向有关民族传统体育界专业人士介绍苏州市有内劲一指禅的体育非物质文化遗产项目时,他们首先问到的第一个问题是:这是类似于海灯法师二指禅的那种"单指倒立"吗?这充分说明在我们的体育非物质文化遗产实际宣传工作中,确实存在着宣传不到位、不扎实的现象。

2016年,张东徽选取江苏省10个代表性传统体育非物质文化遗产项目,在10个城市进行了抽样调查,发现江苏省居民对本省体育非物质文化遗产了解程度不高,没有一项超过30%。可是,却有超过70%的人认为保护传承体育非物质文化遗产"非常重要"或"重要"[①]。两组数据对比强烈,说明江苏省居民普遍认为保护非物质文化遗产意义重大,但却对具体项目不太熟悉。

最后,在体育非物质文化遗产的实际宣传工作中宣传方式陈旧。体育非物质文化遗产的传统宣传手段,主要依靠广播、报纸、电视这一类传统媒介,然而在信息化高度发达的今天,网络宣传已经成为宣传队伍中不可或缺的主力军。使用网络宣传的优势在于:第一,网络宣传的普及面广,能够第一时间让更多人了解体育非物质文化遗产传承发展的最新动向,获知最新消息;第二,网络宣传可以最大限度地在个体与个体、个体与群体、群体与群体之间搭建起一个沟通的桥梁,直接问答或解释体育非物质文化遗产中的相关问题;第三,网络宣传可

---

① 张东徽,徐飞.传统体育类非物质文化遗产保护现状调查研究:以江苏地区保护项目为例[J].体育科研,2017,38(1):48-51.

以大量节省体育非物质文化遗产宣传的时间成本和人力成本,从而提高了宣传效益。目前存在的主要问题是对于新型宣传手段的利用还不到位,许多体育非物质文化遗产项目并未建立自己的专门网站,有的即使建有网站但其内容的更新较为滞后、缓慢,使民众很难从相关网站得到及时的消息和资讯。

2. 体育非物质文化遗产项目的社会展示不够

(1) 静态展示情况。所谓静态展示,是指在不动的状态下展开其内容,通过知觉感受,实现预期效果的过程。在工作实践中它包括博物馆专题陈展、节庆日文化摆摊、室外广场主题演讲等展示形式。

博物馆主题陈展。例如,在苏州市体育博物馆和苏州市非物质文化遗产博物馆,江南船拳都是重要的展览内容。在苏州市体育博物馆,设有专门的江南船拳展厅,分别介绍江南船拳的历史渊源、当代新生、未来发展等主题内容。然而在江苏省内,作为地级城市的体育博物馆目前只有两家,即苏州市体育博物馆和中国体育博物馆南通馆,其他11个地级市还都未建有体育的专题博物馆,因而体育非物质文化遗产的博物馆展览空间还需要进一步开发。

节庆日文化摆摊。这也是静态展示的措施之一,主要是结合民俗节庆活动,或结合大型社区文化活动,将体育非物质文化遗产内容做成一个个展板,通过摆摊的形式向人们进行广泛的介绍和宣传。节庆日文化摆摊还可以不断地向夜经济文化延伸,打造具有吸引力的城市夜经济,是体现现代城市经济文化发展的重要象征之一,也是一座城市的软实力所在。城市白领普遍的下班时间在18点左右,这之后的6~8小时是现代城市颇具魅力的夜间时段。夜间消费是年轻人和游客更青睐的时段,理当培育适合年轻人的夜晚健康休闲消费环境,营造让游客流连忘返的特色文化旅游场景。因此在发展城市夜经济中,通过文化地摊增加人们的体育非物质文化遗产消费,同样是值得广泛研究的话题。

室外广场主题演讲。这种展示活动通常也是结合博物馆空间或文化广场空间进行体育非物质文化遗产的宣传和展示,甚至可以结合实际体验的内容进行。如搜狐网2020年7月6日消息:新时代中少小记者总站联合苏州市运河公园管理处,近日举办江南船拳文化体验活动。共12名小记者参与其中,跟随江南船拳苏州市代表性传承人吴文祖老师,一起学习江南船拳的历史,体验传承千年的体育文化。听完吴老师精彩的分享后,小记者们列队走上露台,在吴老师带领下学习江南船拳的一个入门套路"四方拳"。在露台上练习好基础拳法后,吴老师再带着小记者们到运河公园专为江南船拳建造的一座船上真实地体验在方寸之间打拳。最后,小记者们采访了吴文祖老师,吴老师则希望小记者们可以学习船拳、了解船拳,传播船拳文化,让更多的人了解船拳魅力。

(2) 动态展示情况。所谓动态展示,是指艺术形象表现出的活动神态以及对运动状态变化的考察。体育非物质文化遗产的动态展示,主要表现在现场的体育技艺技能表演和现场的体育技艺技能传授及其互动环节。

现场的体育技艺技能表演是体育非物质文化遗产动态展示的最直接和最具吸引力的地方。例如,在江苏省射阳合德、临海地区,打连湘有着较长的历史,每逢春节、国庆等重大节日,打连湘总是不可或缺的表演项目。打连湘在当地也称"连湘舞"或"莲花乐""金钱棍"。据说打连湘起源于宋代,是流传在苏北地区的一种传统体育舞蹈。"连湘"原为讨饭棍,指旧时穷人在乞讨时为赢得主人的高兴,通常舞动手中的讨饭棍,同时打出简单的节拍,并顺口编唱出一些吉祥或祝福的话,以换得残羹冷炙,后来逐渐演变成打连湘。打连湘的道具是两根长约 1 米左右、直径为 3 厘米粗细的竹竿。竹竿隔节钻有圆孔,套上铁片铜钱,竹竿两端系有彩穗和彩绸。当演员表演时,两根竹竿左右舞动,上下翻飞,同时以竹竿敲击肩、背、腿,打击出有节奏的声音,边唱边跳。其动作灵活多变,曲调轻松明快,歌词通俗易懂。表演的人数可多可少,既可在原地打连湘,也可以边行进边打连湘。打连湘的步法有立、蹲、走、停、跳跃等,程式有"二龙戏宝""五梅花""金鸡打架"等。其套路分为八节至十二节不等,每 8 拍 8 个动作为一节,包括交步、起步、转棒、敲肩、敲地、对打、转身等基本动作。随着时间的推移,人们对打连湘的理解和认识都发生了很大变化。人们认为打连湘既是一种健身娱乐手段,也是一种社会交往方式;他们觉得打连湘是乐在其中,能使人精神焕发,斗志昂扬。所以参与这一体育非物质文化遗产活动的人群,现在是越来越广泛,越来越大众化。打连湘已逐渐演变成当地民众非常喜爱的、带有自娱自乐色彩的优秀传统健身舞蹈。如射阳临海镇,一直有一支打连湘表演队活跃在乡村民间[①]。

又如 2020 年 9 月 3 日晚,伴随着"精忠报国"激昂的旋律,一群身着唐装的

---

① 张同祥.打连湘[N].射阳日报,2016-11-28(第3版).

石锁好手在无锡市古运河边的清名桥南下塘第 2 届大运河文化旅游博览会(简称运博会)展示点展演的"无锡花样石锁"惊艳了大运河两岸的市民,博得了围观者的阵阵喝彩。作为运博会的一项重要活动,由无锡市石锁协会组织的石锁展示表演,成了这届运博会的一个亮点。无锡花样石锁是江苏省非物质文化遗产项目,自 2009 年无锡市石锁协会成立后,他们通过规范管理、布点发展、组织比赛、加强交流,使石锁活动在无锡市蓬勃开展。全市已拥有 21 个固定的石锁健身点,会员达到 500 多人,常年参加活动的石锁爱好者达到 1 万多人。另外在 2017 年,无锡市还筹办了世界上第一家花样石锁展览馆,推动了无锡花样石锁走向全国,走进国际友人的视野①。

  昆山市的省级体育非物质文化遗产项目陆家段龙舞,借助上海进口博览会(简称进博会)的机会,将这种展示活动安排到上海浦东国际机场,使其面向世界友人。龙舞一直是一项寓意祝福、喜庆、报恩、吉祥的活动项目,传达着中国人民对美好生活的期许与祝愿。11 月 7 日下午,昆山陆家镇女子段龙舞队来到上海浦东国际机场 T2 航站楼出发大厅的"乡愁小栈"展厅,舞动段龙,把美好祝福送给浦东机场的中外旅客。伴着背景音乐《巾帼美》,女子的柔情与龙舞的豪迈力量完美结合,变化丰富的运作套路,让这场极具江南韵味的段龙舞表演格外引人注目,引得旅客们阵阵喝彩②。陆家段龙舞表演让来自意大利的 Aurora 流连忘返,她非常喜欢中国文化,是一个名副其实的"中国通"。她说:"我来中国许多次了,也欣赏过龙舞表演,不过女子段龙舞我是第一次看,柔美与力量完美结合,真是精彩!"Aurora 看得津津有味,还"得意"地比划着唱了句"谁说女子不如男"。活动现场,许多旅客在老师指导下亲身体验了一把舞段龙。"真的很不容易,体力、技巧、配合都不能缺少,可以想象出这些老师要经过多少次练习才能做到如此默契"!短短几分钟的体验,让来自美国的 Wilson 一番手忙脚乱,他表示体验过后更加佩服女子段龙舞队的表演者们。"我们一直喜欢把自己称为龙的传人,龙是中华民族最重要的象征,进博会期间用龙舞表演来迎接国内外的友人,传播中国传统文化,很有意义"!陆家段龙舞表演赢得了机场旅

---

① 乐居网无锡."长江经济带"全民健身大联动 无锡斩获石锁大赛两枚金牌[EB/OL].[2022-05-20]. https://baijiahao. baidu. com/s? id=16365541899281508 41&wfr=spider&for=pc.
② 央广网. 陆家段龙舞穿越 600 年舞出"童趣小镇"精气神[EB/OL]. (2018-11-09)[2022-05-20]. http://js. cnr. cn/2011jsfw/rdcj/ 20181112/t20181112_524412099. shtml.

客的交口称赞。据资料显示,自1368年起,陆家舞龙就在民间盛行,至今已延续六百多年,舞龙活动在陆家镇深受群众的喜爱,其中尤以"段龙舞"最负盛名。陆家镇被文化部命名为"中国民间文化艺术(舞龙)之乡",陆家段龙舞于2016年被列入江苏省第四批非物质文化遗产项目名录。"利用进博会契机,我们在上海浦东机场举办这样的活动,是希望通过浦东机场这个窗口,向世界宣传推介优秀的传统文化,让世界认识陆家镇。"昆山陆家镇负责人如此说[1]。

现场的体育技艺技能传授及其互动环节。为更好地传播南通非物质文化遗产文化,培养青少年学生热爱祖国、热爱家乡的情感,教育和引导他们从小坚定文化自信,自觉成为中华传统文化的传承者和宣传者,2021年3月27日下午,南通市少年宫组织开展了"我是南通娃"非物质文化遗产小传人社会实践活动之"走近风筝艺术"亲子活动。活动一开始,在南通风筝非物质文化遗传人胡智老师的带领下,孩子和家长们一起兴致勃勃地参观了板鹞风筝艺术馆,听取风筝历史及南通板鹞风筝特色的讲解,大家对现场陈列的样式繁复、制作精美的哨口风筝赞不绝口。在胡智老师的指导下,大家还一起动手制作了风筝,扎、绕、穿、绑,孩子们脸上都是专注与欢喜。活动最后,大家一起到唐闸公园放飞了自制风筝,他们的欢声笑语在空中久久回荡[2]。

在连云港市,为传承非物质文化遗产,刘氏自然拳传承人刘家平专门组建了市龙腾文武运动学校。刘氏自然拳源于清末,师承武当派,脱胎于少林罗汉拳,集八卦、太极、形意拳为一身,讲究的是健身与技击功法为一体,是一项技巧和实战性很强的武术。刘氏自然拳无固定拳套,不讲招,不着相,以气为归,以不失自然为本旨。所谓"自然",是通过循规蹈矩的苦练求得。刘氏自然拳入门之初,以舒筋法练习腰腿柔韧、关节灵活;以内圈手练习手眼身法步,要求"身似弯弓手似箭,眼似流星腿似磨",此后则习推手(即鬼推手),然后再加入踢法练习。2015年10月,刘氏自然拳入选第四批江苏省非物质文化遗产名录。作为刘氏自然拳第3代传承人,在刘家平的毕生练习和推广下,这项曾冷门的拳种

---

[1] 央广网.陆家段龙舞穿越600年舞出"童趣小镇"精气神[EB/OL].(2018-11-09)[2022-05-20]. http://js.cnr.cn/2011jsfw/rdcj/20181112/t20181112_524412099.shtm.

[2] 南通市教育局.市少年宫组织开展"我是南通娃"非物质文化遗产小传人社会实践活动之"走近风筝艺术"亲子活[EB/OL].(2021-03-28)[2022-05-20]. http://www.nantong.gov.cn/ntsjyj/szdt/content/69808318-8803-41b3-b352-b01b55c22637.html.

如今已为越来越多的人知晓,并入选省级非物质文化遗产名录。"按照刘氏家训,刘氏自然拳只能传艺于儿子。"刘家平说,但毕竟时代不同了,为了将刘氏自然拳"发扬光大",2001年,刘家平不顾家人的反对,辞去国企待遇丰厚的工作,创办连云港市龙腾文武运动学校,面向全国招收爱好武术的学员。刘家平认为,这也是为了保护刘氏自然拳。"一方面,我想将这套拳法普及开;另一方面,也想让孩子们通过练习武术,强身健体。"①

在2019年苏州国际日上,设置了世界风情区、非物质文化遗产体验区、亲子互动区、舞台区及咨询服务区等。几大区域、近百个摊位,活动亮点十足。苏州市志愿者行动指导中心组织推荐的青年手工艺人也参与其中,他们带来了苏绣、缂丝、核雕、石雕、红木雕刻、丝绸、陶瓷等项目。而作为亮点之一的非物质文化遗产体验区,除了由苏州市非物质文化遗产办和iSuzhou城市文化传播平台共同成立的"拾遗"工作坊带来的苏灯、苏州剪(刻)纸外,还有九连环这一体育非物质文化遗产项目体验。九连环是流传在苏锡常地区的民间体育智力游戏,是无锡市的体育非物质文化遗产项目。九连环是用九个圆环,将它们相连成串,然后以谁能将其解开为胜。在明代文学家杨慎的《丹铅总录》中,曾有过用玉石材料制成了两个互贯圆环的记载,即"两环互相贯为一,得其关捩,解之为二,又合而为一"。这里所记载的应该就是民间的九连环游戏。在经典小说《红楼梦》中,也有关于林黛玉巧解九连环的情景描述。

(3) 社会展示的不够及问题分析。首先表现为社会展示缺少计划性。体育非物质文化遗产的社会展示活动不应该是随意的临时安排和应对,而应该是有计划性的。计划是保证社会展示活动正常进行的基础,也是提高社会展示工作效率的有效手段。计划性包括不同体育非物质文化遗产项目的年度展示时间安排,如春节期间的展示安排、端午节期间的展示安排等;不同体育非物质文化遗产项目的展示场所安排,如安排在市民文化广场、社区活动中心等;负责展示活动的具体工作团队安排,既包括展示活动的经费预算、媒体引进,还包括展示工作的实施步骤与标准、展示工作的效果预计与评估等;以及制订的社会宣传展示计划,不仅有明确的指导思想、工作目标,而且有具体的工作措施和保障条件等。

---

① 中国江苏网. 连云港十几年传承与保护,让濒危非物质文化遗产项目"活"起来[EB/OL]. (2018-11-08)[2022-06-10]. http://jsnews.jschina.com.cn/lyg/a/201811/t20181108_2027595.shtml.

其次表现为社会展示缺少目标性。计划是为目标服务的,因此开展体育非物质文化遗产文化的社会展示活动应有非常明确的目标。目标是指进行体育非物质文化遗产展示活动期间的预期目的,它是组织者对展示活动的一种预期结果的主观设想,因此它能够为体育非物质文化遗产活动展示指明方向。如果站在管理学的视角看待这个问题,目标管理就是为了更好地调动人们的积极性,以发挥出更好的潜力作用,从而达到体育非物质文化遗产社会展示的预期目的。所以体育非物质文化遗产的社会展示活动有明确的目标,还能达到目标管理的工作效果,即充分调动社会展示参与人员的工作主动性、创造性和积极性,激励所有参与人员为实现体育非物质文化遗产文化的社会展示活动目标而不懈努力。

总之,体育非物质文化遗产的社会宣传和展示是为了提高其文化的社会影响力,让更多的普通大众能够走近体育非物质文化遗产,亲近体育非物质文化遗产,乃至实践体育非物质文化遗产。社会宣传和展示不仅使人们从体育非物质文化遗产中感受到传统的魅力,增强文化自信,更重要的是通过这种社会宣传和展示,吸引更多的民众去主动接受这种文化传统的熏陶,确立起文化自觉,并在保护与传承体育非物质文化遗产文化过程中,真正获得健康身体、娱乐身心的实效。因此,体育非物质文化遗产的社会宣传和展示活动应该是有计划、有步骤地安排和实施,如制订体育非物质文化遗产宣传日、建设体育非物质文化遗产文化体验区等,而不是一种带有随意性的安排、一种临时性的工作应对。要通过社会宣传展示活动,能够使体育非物质文化遗产不断地在广大民众中间生根开花,成为现代民众体育文化生活中的自觉与需要,而不是仅仅表现为现代民众体育文化生活中的一抹点缀。

三 传承基地建设较为薄弱,体育非物质文化遗产生存环境需要改善

1. 传承基地建设问题

(1)传承基地建设的重要性。传承基地是体育非物质文化遗产文化社会传承和传播的重要平台,所以在江苏省体育非物质文化遗产的传承与保护过程中,传承基地建设受到一定的重视。例如,2014年3月,在徐州邳州市启动了非物质文化遗产进校园活动,开始在邳州市滩上乡中心小学建立传承基地,开设

成人和少儿跑竹马培训班。在常熟市沙家浜，政府部门在完成了江南船拳的非物质文化遗产申报工作后，将船拳活动推广至唐市中心小学，致力于对青少年的培养，使江南船拳这个带有乡土气息的璀璨文化在常熟这块土地上后继有人，生生不息。南京市的殷巷石锁，除了在本地推广外，还注意向外推广和建设域外传承基地，如，他们在南京体育学院、江苏师范大学等高校都成立了业余石锁运动队。

丰县武术协会编排的六步架大洪拳武术操，已经在6所中小学得到推广。南京市江宁区的方山大鼓麻雀蹦传承基地，则建设在位于江宁区科学园湖东路的天景山小学内。而徐州市沛县的武术传承，主要依靠沛县武术协会的理事单位和会员进行，各门派都建设有自己的传承基地和发展路径。

在已有的江苏省体育非物质文化遗产传承基地建设中，做得最好的是苏州江南船拳基地建设。他们不仅有由政府主管部门命名的教学训练传承基地，而且有政府主管部门命名的社会传播展示基地。政府部门还对每个传承基地给予一定的建设经费支持，同时制定有基地建设的考核验收标准，以作为再次给予经费支持的依据。当然，作为体育非物质文化遗产活动的传承基地，也可以结合自身优势，注意发挥自己的主观能动作用，在尊重客观规律的基础上着力于活态传承，突出创新创造，不断提升体育非物质文化遗产文化传承保护的科学化、规范化和品牌化水平。例如，常熟沙家浜旅游风景区，是苏州市体育局公布的江南船拳展演建设基地，他们利用自身的旅游资源优势，在普及社区推广的基础上，经常组织江南船拳的比赛和展演，从而促进了江南船拳的传承与保护。在2017年到2019年间，他们连续三年利用沙家浜旅游风景区平台，定期向公众进行江南船拳项目展示和表演。这期间不仅邀请了苏州市相城北桥船拳队和吴中越溪船拳队共同献技表演，而且还邀请了江苏省常州市、浙江省嘉兴市以及上海朱家角的江南船拳队，进行长三角地区的江南船拳友好邀请赛，从而使沙家浜旅游区又多了一张对外展示的亮丽文化名片。

（2）传承基地的选择与分类。2018年6月13日，南京市政府办公厅公布了《关于进一步加强全市非物质文化遗产保护工作的实施意见》，提出到2025年，建立完善不少于100个非物质文化遗产传承基地、传习所，且列入濒危项目名录的市级以上非物质文化遗产代表性项目数量比例不低于5%。意见同时要求，南京市还要加快推动各类非物质文化遗产展示场馆的投资与建设，例如，江宁区、浦口区、六合区、溧水区和高淳区等非物质文化遗产资源丰富地区，在项

第三章 江苏体育非物质文化遗产传承现状与对策

目集中的街道(镇)、村落要积极推动非物质文化遗产传习场所建设。可见,在明确了传承基地建设的政策要求条件下,需要跟进的措施就是传承基地的选择与分类,除各大中小学校是体育非物质文化遗产传承建设的主阵地以外,大致还可从以下方面进行考虑:第一,体育非物质文化遗产的传承基地建设,可考虑选择在各地的文化产业园中;第二,可考虑选择在著名的旅游风景区内;第三,可考虑选择在新农村建设中的特色体育乡镇中;第四,可考虑选择在市民(或居民)的文化生活广场中。江苏省非物质文化遗产石锁传承基地就设立在南京市江宁区殷华街殷巷新寓华青巷中,这里不仅是传承基地,也是训练基地。2022年以来,每周三和周六是南京市石锁运动协会的开放日,石锁爱好者齐聚一堂,切磋技艺。如今,殷巷石锁传承体验中心刚刚落成,里面不但陈列了南京石锁队多年来获得的各种奖杯奖状,还有各个朝代的石锁、济南市非物质文化遗产石担子传承人赵存禄捐赠的石担子、清同治年间的石志子(传为古代武试敲门砖)等珍贵石器。此外,在南京市江宁区还成立了一些石锁俱乐部。例如,南京市江宁区天龙石锁俱乐部、南京市江宁区东善桥俱乐部、南京市江宁区天景山俱乐部等。这些俱乐部吸引了附近社区的一些石锁爱好者共同练习,并已经带动周围不少人参与石锁运动,他们希望能把这项体育非物质文化遗产更好地传承和推广给更多人。

图 3-1 江苏省非物质文化遗产石锁传承基地

图 3-2　南京市石锁运动协会、江宁区石锁运动协会训练器械

图 3-3　殷巷石锁传承体验中心

图 3-4 南京市江宁区天景山石锁俱乐部

图 3-5 南京市江宁区天景山石锁俱乐部练习场景

图3-6 石锁技法——喜鹊登梅

图3-7 石锁技法——霸王举鼎

图3-8 石锁技法——贵妃敬酒

图3-9 石锁技法——坎山

（3）传承基地建设的保护与退出机制。体育非物质文化遗产传承基地的建设，需要政府的帮助和扶持，例如，需要有政府的建设规划与布局安排，需要有政府的基础设施和器物的投资，需要有政府一定专项经费的支持和资助等。这是因为与其他非物质文化遗产项目相比较，体育非物质文化遗产项目所表现出的公益性色彩更为凸显。也就是说，其技艺的活态传承更多地表现为公共服务性，这就导致了体育非物质文化遗产项目传承人的生产性自救功能缺乏或不足。他们更多的贡献是在对项目的公益推广，而对于个人的经济收益贡献却较为薄弱。从这个意义上说，体育非物质文化遗产传承人更需要社会或政府在经济政策方面的特殊照顾和扶持。但是，传承基地的建设也绝不是政府的包办，当政府部门"扶上马、送一程"以后，则需要项目传承的自我发展能力，要形成"自我造血"的功能。否则，自然需要退出社会与市场的竞争。

2. 体育非物质文化遗产生存环境问题

（1）体育非物质文化遗产生态、生存环境问题严重。这种问题的出现一方面是因为城市化引发的乡村空心化趋势；另一方面是新农村建设引发的传统村落的衰亡。

城市化引发的乡村空心化趋势。体育非物质文化遗产的基础在农村，而体育非物质文化遗产是农耕文明的成果。对农耕文明的理解通常限定在它是一种"文化集合"，即在长期农业生产中形成且与农业生产和生活需要相适应的一种有关国家制度、礼俗制度、文化教育等的文化集合。追溯农耕文明的起源，其最初的表现应该就是"男耕女织"的生活方式。农耕文明除了带来稳定的收获和财富，造就了相对富裕而安逸的定居生活以外，也为进一步衍生出高雅的精神文化创造奠定了基础。农耕文明不仅孕育了内敛式自给自足的文化传统及其生活方式，也孕育了众多的中国传统体育文化产品。在江苏省体育非物质文化遗产项目名单中，既有养生类的体育非物质文化遗产项目，也有娱乐类的体育非物质文化遗产项目；既有舞蹈类的体育非物质文化遗产项目，也有格斗类的体育非物质文化遗产项目；既有用于个体锻炼的体育非物质文化遗产项目，也有用于集体活动的体育非物质文化遗产项目等。诸如此类，不一而足。总之，在农耕文明的条件下，其民族多元性和地域的多样性，其乡土民间性和历史的传承性等，不仅赋予中华文化独有的性格和特征，而且也是体育非物质文化遗产能够得以保存和绵延不断的重要原因。从精神文化角度看，体育非物质文化遗产无疑是乡村文明中一种思想境界的反映、精神信仰的折射，其蕴涵着中国人的传统体育价值观和理论认识。

然而，城市化建设则带来了乡村的空心化趋势。城市化是工业文明的重要象征和标志。在工业文明的驱使下，现代城市化进程在不断加速。引发这一历史过程的前提条件是国家或地区社会生产力的不断发展，现代科学技术的不断进步，以及一二三产业结构的不断调整，导致的结果则是原本以农业为主的传统乡村型社会，不断地向以工业和服务业等非农产业为主的现代城市型社会转化。在中国，虽然不同专业对城市化的概念解读有不同，例如，人口学家眼中的城市化，是大量的农村人口不断转化为城镇居民；地理学家眼中的城市化，是大量的农村地区和农业用地，不断转变为城市地区和城镇用地；经济学家眼中的城市化，是自给自足的小农经济模式和农村生产生活方式，被大工业生产和现代经济发展模式所代替；生态学家眼中的城市化，是原有的农业农村生态系统被不断改造、不断演变；社会学家眼中的城市化，是农村农民的社会关系和组织结构，不断向现代社会的发展需要而重组重构。但不管是怎样的一种解读，城市化的结果总是对乡村空间的不断吞噬，对乡村人口的不断吸纳。改革开放后中国大量的农民工都涌向了城市，且主要是对乡村青壮年劳动人口的吸引。乡村人才的不断向城市聚集，必然会引发曾经立足乡村基础的体育非物质文化遗产文化的逐步丧失，首当其冲便是体育非物质文化遗产传承与保护中的人才断层现象。

新农村建设引发的传统村落的衰亡。所谓传统村落，也称古代村落。这种村落不仅拥有丰富的自然资源、文化资源，而且村落的形成时间也普遍较早，有着极大的历史文化、科学传统和经济社会价值。其中所蕴含的丰富历史文化景观和社会文化信息，正是中国悠久的农耕文明给我们留下的一笔重要的也是最大的文化遗产。因此，传统村落是特别应该予以认真保护的村落。

新中国成立以来，社会主义制度下的新农村建设一直是政府工作的重要议题。在为了最终实现"经济繁荣、设施完善、环境优美、文明和谐"的社会主义新农村建设目标的同时，不可否认的是传统村落的延续和保护也受到了一定的冲击，村落的地理空间和文化传统也受到快速发展的时代阻隔，原本流行在村落的体育非物质文化遗产的命运也自然遇到挑战。例如，淮安市的宋集跑驴，在非物质文化遗产传承人王汝乾的带领下，每逢西宋集镇节庆或重大节日，都有跑驴的表演。

他们表演到镇里,表演到村里。"现在农村的人都到城里去打工了,留下老人和孩子,逢年过节的时候才能一家团聚。孩子们去上学了,留守妇女和老人的生活就很枯燥了"。跑驴表演则给村里的妇女和老人带去了欢乐。但是,新农村建设使农村空间越来越小,青壮年人口也越来越少,随之带来的结果则是一些长期流传在村落民间的民俗文化灰飞烟灭,这其中就包括村落的体育文化传统。

(2) 体育非物质文化遗产资料、传人流失问题严重。首先是体育非物质文化遗产典籍资料方面的流失。有研究者曾以传统武术为例,提出了传统武术在以下五个方面都遭遇严重流失问题,即传统武术文化内涵流失;受众流失;传承人流失;拳械、门派、流派流失;以及史料、书籍等流失[①]。在苏州市太仓浏河镇一带的广大农村地区,流传着一种刚健优美的体育非物质文化遗产项目矛子舞。浏河是郑和下西洋的出发地,这里的民众历来有着刚健习武的传统。矛子舞的参与者大多为男性,他们手中的道具是一根很长的青竹杆,杆头上装有铁矛。他们在锣鼓声中挥杆而舞,通过队形的忽左忽右,或前或后的往来穿梭,并不断伴有呐喊的声音和刺杀动作,以表现出在浏河长江边上与敌周旋、奋勇搏斗的动作场景最后在欢呼声中终场;在服装设计上则采用紧身、密纽、袖裤头很小的古侠风格,同时通过蓝白或绿白相间,呈现出江南水乡的情调。矛子舞又名杀敌舞,源于明代抗倭故事。相传嘉靖年间,一群倭寇驾着帆船在太仓七鸦口登陆,长驱直入逼近陆公市。陆公市有个彪形大汉叫杨斌,他对众多乡亲喊道:"倭寇也没三头六臂,怕什么?没有兵器,到我家竹园去砍竹为矛。这竹竿粗壮有力,结实修长,头上削尖后十分锐利。"众乡亲大喜,不一会均手持削尖的长竹矛随杨斌出市迎战。倭寇一见矛子兵蜂拥而至,并不害怕,手持钢刀迎上前去。不料这矛子很长,倭寇来不及近身,远远就被竹矛刺死了。有的矛子虽被钢刀削去一段,但却变得更加锋利。乡亲们就是依靠这矛子将倭寇打得溃不成军。后来人们依此编成体育舞蹈,每逢庙会总有一两队年轻农民持丈八竹矛,操练威震人心的矛子舞,并世代相传,成为当地风俗。

但值得注意的是,依靠口传身授的矛子舞,至今未能在文字整理和录音、录像方面做出成绩。一旦那些老的传人离开以后,这一很有现代教育意义的体育非物质文化遗产文化还能不能继续得到很好的传承,应该引起各方关注和重视。

其次是传人的流失。传人的流失在一些主要依靠家族传承的体育非物质

---

① 高成强.传统武术流失现状与保护对策的研究[D].苏州:苏州大学,2008.

文化遗产项目中尤为严重。例如,连云港市的刘氏自然拳、汪其魔杂技魔术,苏州市相城的内劲一指禅等,都没有见到他们的后人接班。虽然这些项目的社会推广也有传承的作用和意义,但作为技艺技能的传承,家族传承的效果显然更应被肯定和重视。当然,家族传承乏力的原因是多方面的,例如,有些大师本身就没有子嗣,而更多的则是一些子女缺少对体育非物质文化遗产技艺技能传承的热情。他们从小就接受现代教育,更愿意将自己的学识与现代社会发展紧密联系在一起,而对父辈的传统文化传承则普遍缺少兴趣。

我们在对内劲一指禅调研时就发现,尽管当代内劲一指禅传人阙巧生大师有子有女,但子女都各自有自己的事业追求。虽然采访中他们也希望这一家传的体育非物质文化遗产文化能够更好地传承下去,以便为社会服务,普惠大众,但他们自己的态度却似乎并不太积极,而且也感到一定程度上的力不从心。在一些集体性的体育非物质文化遗产项目中,其传人的流失问题亦普遍存在。例如,对无锡市体育非物质文化遗产项目猴棍的调研就发现,宜兴猴棍兴起于新街镇彭庄村,本是当地村民为保护村庄、维护地方治安而练习的武术套路,后渐渐演变为既有表演形式又有武术内容的传统节目,已有百多年的历史。宜兴猴棍以十番锣鼓为伴奏,两人为一对表演。表演者身穿黄色猴衣,头扎绿色头巾,面部妆容采用猴子脸谱,脚穿跳鞋,手持齐眉棍,表演姿势模仿猴子的各种动作。宜兴猴棍于 2010 年进入无锡市非物质文化遗产名录。然而,和不少非物质文化遗产一样,这些年猴棍也面临传承断层问题。地方文化主管部门的负责人认为:虽然新街小学早在 2000 年就建起了猴棍队,但在传承人、团队保持、课程开发等方面陆续暴露出问题,后继乏力①。又如在对宋集跑驴采访的过程中,也了解到以下的实际情况,虽然宋集跑驴成为市体育非物质文化遗产项目后,身为市级非物质文化遗产传承人的王汝乾等人更加忙碌了,不仅忙演出、带学生,还和镇文广站站长周非武合作整理跑驴唱词里的老段子。而且,宋集跑驴在市区广场也演出多次,但愿意学习跑驴的人则寥寥无几。由于传承人王汝乾和他的团队普遍存在着这样的担忧,"我们都是农村人,不识字,想唱曲子,张口就来,可让我们写下来,有点难度。所以,再过几十年,这些唱词曲调舞蹈到底能不能传承下去是个问题"。

---

① 宜兴网. 猴棍渐起舞成势[EB/OL]. (2020-12-23)[2022-07-31]. http://www.tdcm.cn/2020/1223/291096.shtml.

第四章

乡村振兴背景下江苏体育非物质文化遗产活态传承的机制

第一节

江苏体育非物质文化遗产生态全域保护的机制及其运行

一 体育非物质文化遗产生态全域保护的理念

所谓文化生态,在概念上可以被理解为是人类社会历史发展实践中所不断创造的物质财富和精神财富的状况和环境。文化生态应该是一定历史条件下和一定地域环境中所形成的文化空间。丰富多彩且充满活力的体育非物质文化遗产生态环境则是在长期的社会历史发展过程中,由一定地域的风俗习惯、一定民族的生产生活方式和文化艺术表现形式逐步构成的。体育非物质文化遗产生态全域保护是指在乡村振兴背景下的一种全景化和全覆盖保护。2017年,党的十九大报告中首次提出了乡村振兴战略。以习近平同志为核心的党中央是在中国社会发展的新时期,努力着眼于党和国家事业发展全局,深刻把握现代化建设规律和城乡关系变化特征,并注意顺应亿万农民对美好生活的期待,从而做出了乡村振兴的重大决策部署。这一重大决策部署,"不仅注重经济和产业建设,而且强调乡村文化发展的重要性。根据中共中央、国务院印发的《乡村振兴战略规划(2018—2022年)》,将繁荣乡村文化、重塑乡村文化生态列为乡村振兴的基本任务。重塑乡村文化生态是挖掘中国农耕文化中蕴含的优秀思想,弘扬乡村人文之美,重构传统文化与现代文明关系的重要过程"。①

因此,体育非物质文化遗产生态全域保护,能够进一步帮助人们解放思想,不断将民族体育、民间体育和民俗体育的文化元素融入乡村文化建设中,为乡村振兴提供精神动力和思想源泉。具体来说,就是通过对体育非物质文化遗产生态的保护与建设,更好地引导乡村民众从充满乡村情怀的美丽新农村建设中,获得更多的家园认同感,从而在书写乡村历史记忆和乡土体育文化记忆的

---

① 赵羲.乡村振兴中的文化生态建设[J].人民论坛,2019(8):134-135.

过程中,牢记乡愁、毋忘乡情,以增强广大乡村民众对家乡、家园的热爱,凝聚乡村振兴的合力。当然,通过对体育非物质文化遗产的保护与建设,更为重要的是还能够为乡村振兴培育优秀的建设人才。因为体育非物质文化遗产生态全域保护是一个动态的发展过程,这一过程不仅有利于提升乡村振兴的文化软实力,推动乡村特色体育文化事业和产业的发展,而且还能在挖掘乡村体育非物质文化遗产文化的同时,培育本土更多优秀的民间民俗文化人才。

二 体育非物质文化遗产生态全域保护的制度安排

体育非物质文化遗产生态全域保护的制度安排,主要考虑以下两个方面:一是成立生态环境保护组织机构;二是制定相关的地方法律法规。

1. 成立生态环境保护组织机构

生态保护是乡村振兴战略建设中一个全新的话题,其中包括自然生态和人文生态。地方政府需要带头维护好生态环境,抓好基层生态文明建设,让保护环境的观念深入人心。由此建立专门的组织领导机构,做到组织落实是很有必要的,包括组织机构的健全、组织设置的优化、隶属关系和职权责的厘清,并通过鼓励创新活动方式、扩大组织覆盖面和工作覆盖面等措施,保证工作的顺利开展。

2. 制定相应的法律法规

地方政府制定相应的法律法规,是为了保证体育非物质文化遗产文化生态全域保护工作能够有法可依,减少人为的干预。其中包括制定体育非物质文化遗产生态全域保护的目标评价考核制度、执法与督察制度、文化生态补偿制度等。

(1) 体育非物质文化遗产生态全域保护的目标评价考核制度。这是一种评价与考核相结合的制度设计。就评价而言,其内容可分别围绕体育非物质文化遗产的资源配置——资源优化、体育非物质文化遗产发展的空间秩序、体育非物质文化遗产的产品开发与社会影响力、体育非物质文化遗产的产业发展状况等几方面进行,并量化成具体的指标和指标体系,以换算成得分和指数,便于客观统计。就考核而言,有考核的时间安排,比如每两年一次考核;有考核的内容说明，比如各指标体系的完成情况、社会大众的满意度等；有考核的成绩评定，比如设立优秀、良好、合格、不合格的等级等。

(2) 体育非物质文化遗产生态全域保护的执法与督察制度。乡镇体育非物质文化遗产文化生态的执法工作，主要是由环境保护和城市管理两个职能部门进行的，因此，有关体育非物质文化遗产生态的执法与督察制度，也主要针对这两个行政执法部门而制定。

一是行政执法监督检查制度。行政执法监督检查是指乡镇生态环境保护委员会对环境保护职能部门及其行政执法工作人员的执法行为实施的监督检查。制度要求行政执法监督检查必须坚持"有法可依、有法必依、执法必严、违法必究"的原则，同时与社会监督相结合，加大社会监督的力度。行政执法监督检查的内容包括：行政执法主体是否合法，执法人员是否以生态环境保护委员会名义做出具体行政行为；适用法律法规是否正确，行政执法人员是否依据法律法规严格执行，有无违反法律法规和规章的行为；行政执法人员在行政执法过程中，是否履行了法定程序；对罚没财物，行政执法人员是否按照法律规定予以处理。

二是城管督察工作制度。这是为促进城管职能部门依法行政并严格执法能力，保证城市管理监察各项工作顺利开展而制定的制度。其职责包括对城管人员在日常执法中是否依法行政、文明执法、严格执法即为依法行政，以及遇到紧急情况时是否具有快速的机动反应能力进行督察；对城管人员的行为规范、仪容仪表进行督察；对城管人员有无违法乱纪，收受与执法相关的礼品、礼金，损害队伍形象等进行督察。城管督察工作制度对督察人员提出的要求是：发现城管队员在执勤执法过程中仪容仪表、行为举止不规范或违反执法程序和规定的，应当立即纠正，以说服教育为主。督察人员应实事求是地开展检查工作并及时向部门报告，做到不谎报、瞒报、漏报。

(3) 体育非物质文化遗产生态补偿制度。生态补偿，作为一种制度安排，主要是以防止生态环境破坏、增强和促进生态系统良性发展为目的。生态补偿制度是作为一种保护生态环境、协调人与人利益平衡的公共制度，其对象是那些对生态环境产生或可能产生影响的生产者、经营者、开发者和利用者，主要内容是生态环境的整治与恢复。它是以经济调节为手段，以法律为保障的新型生态环境管理制度。文化生态补偿是生态补偿理论研究及文化保护实践中的重要命题。在我国，有关体育非物质文化遗产生态补偿理论是由白晋湘教授及其研

第四章
乡村振兴背景下江苏体育非物质文化遗产活态传承的机制

究团队率先提出的。他们认为:"国内关于体育非物质文化遗产发展的研究,集中在'问题—分析—对策'的研究范式,这种研究思路看似针对性很强,对策措施清晰明确,但是缺乏对体育非物质文化遗产内生秩序的合理诠释,所以体育非物质文化遗产保护对策的有效性就令人质疑。"因此,生态补偿理论的引入,可以促进体育非物质文化遗产研究体系的完善和成熟。同时指出:"生态补偿原理的引入,不是将体育非物质文化遗产文化事项从人的生态环境适应性中剥离,而是将其当成人的生态环境因子去辩证思考,从而建立一种可持续发展的文化生态模式",即"将生态系统诊断、生态系统评估、生态系统修复等系列方法引入体育非物质文化遗产的研究实践中。"[①]

体育非物质文化遗产的生态补偿,是一种协调体育非物质文化遗产生态保护相关者利益关系的制度安排,以体育非物质文化遗产文化生态系统为对象,以促进其保护与可持续利用为目的。体育非物质文化遗产文化生态补偿应"以政府和市场为主要手段,从中涉及文化生态系统服务价值、保护成本、发展机会成本等方面"[②]。体育非物质文化遗产文化生态补偿制度所涉及的内容大致包括:谁是补偿的主体,即解决补给谁的问题;谁是受偿的客体,即解决谁来补的问题;以及补偿的标准与核算、补偿的方式与方法、补偿的时间与空间限度等问题。

在实际工作中,体育非物质文化遗产生态补偿的立足点应该是多种方式的综合补偿,即基于不同时空尺度特征而可能采取的诸如受益者补偿、社会补偿,以及自我补偿和政府补偿等。受益者补偿,是指以文化生态资源经营者、使用者为主体,通过发展文化生态旅游、开发文化生态旅游产品获得收益,并向当地居民及文化生态资源赖以生存的环境实施的补偿。社会补偿的依据是文化生态资源的开发为资源地带来了客源,且促进了当地经济发展。但一定程度上使文化生态资源这一公共产品也遭到损耗,因而社会补偿可以通过设立社会补偿基金的方式进行。自我补偿的实现是文化生态资源所在地的基层组织,利用其对文化生态的所有权、经营权或管理权,通过适度开发文化生态资源和在保护中适度发展旅游产业而获得经济利益。政府补偿的理论依据是因为文化生态

---

① 白晋湘,万义,龙佩林.中国特色社会主义新时代体育非物质文化遗产保护论纲[J].上海体育学院学报,2018,42(1):33-40.
② 刘春腊,龚娟,徐美,等.文化生态补偿的理论内涵及框架探究[J].经济地理,2019,39(9):12-16.

资源是典型的公共资源,对其保护需要大量的资金,而政府是公共资源的管理者和责任人,有义务组织实施文化生态资源补偿。而且,政府补偿是文化生态补偿的核心,能有效地带动其他补偿方式与途径的顺利实施,并提供综合保障[①]。

三 体育非物质文化遗产生态全域保护的机制运行

1. 宏观把控

体育非物质文化遗产生态全域保护的宏观把控,是地方政府工作的主要责任,通常可以借助三种手段来进行。一是借助经济手段。经济手段就是要求地方政府能够自觉依据和运用价值规律,在文化生态全域保护方面借助于经济杠杆的调节作用,通过价格、税收、信贷、工资等对当地的国民经济发展进行宏观把控并通过媒体宣传达到把控目的。在体育非物质文化遗产生态全域保护的宏观把控中,经济手段主要体现在地方政府制定的经济政策影响。例如,在地方政府制定的经济措施中,建立稳定的体育非物质文化遗产生态全域保护资金投入机制,就是一种非常有效的经济手段。它是在以政府投入为主的前提下,鼓励社会民间资本投入乡镇文化事业建设,并通过多渠道筹措资金,从而加大体育非物质文化遗产生态保护补偿力度。经济手段的运用,同时还包括注意完善体育非物质文化遗产生态保护成效与资金分配挂钩的激励约束机制,加强对体育非物质文化遗产生态保护补偿资金使用的监督与管理。二是借助法律手段。法律手段是依法治国、行政法治的武器和工具。在体育非物质文化遗产生态全域保护中,可通过相应的立法和司法措施,并根据法律活动的规律、程序和特点等,调节地方社会经济文化活动,以达到宏观把控的目标,保证地方社会经济文化运行的正常秩序。三是借助行政手段。行政手段主要是指政府凭借自己的行政权力,通过颁布行政命令和制定政策、措施等形式,对地方社会经济文化活动进行宏观把控或干预的方式和方法。在体育非物质文化遗产生态全域保护的宏观把控中,地方行政手段不仅具有权威性、强制性,而且也有具体性、

---

① 刘春腊,龚娟,徐美,等. 文化生态补偿的理论内涵及框架探究[J]. 经济地理,2019,39(9):12-16.

即表现为一定的行政命令、指示,只在特定的时间对特定的对象发生作用。

在机制运行中,要实现两个把控:一是全覆盖把控;二是全过程把控。所谓全覆盖把控,就是强调文化生态保护应当是一个系统工程,包括宏观调控、统筹规划、划出红线,是从个别走向全体的把控。全过程把控,强调的是严格过程控制,将文化生态保护事项前移和后延,即从体育非物质文化遗产生态全域保护的末端治理走向源头预防,从局部治理走向全过程控制。

2. 审查评估

地方政府应成立专门的领导小组,就当地体育非物质文化遗产的挖掘整理、传承方式、措施、市场开发、品牌创新,以及物质道具的材料制作与运用等问题,公开征集优秀方案,并邀请相关研究专家和文化工作者,对其进行评审和评价,以不断激发人民群众的工作热情和创作活力,从而让更多优秀的体育非物质文化遗产文化项目和产品纷纷走向大众、走向市场、走向世界、走向人们的日常生活。

审查一般需要经历以下流程:方案初评阶段,主要是评估计划书是否完整,资料收集是否齐全,投资意向是否符合社会经济文化发展前景;方案复审阶段,主要对方案进行全面的技术路线、发展前景、市场效益等认证和评价;访谈立项阶段,主要是由方案设计团队面对专家组进行答辩,以便了解方案组成员的综合素质,核实计划书中的主要事项,掌握方案的投资方式和路径等。

评估通常沿着以下思路进行:一是方案的实施成本评估;二是方案的实施进度评估;三是方案的实施效果评估;四是方案的实施可操作性评估;五是方案的实现功能评估;六是方案的可持续发展评估。

总之,在体育非物质文化遗产生态全域保护的实际工作中,一旦有优秀的体育非物质文化遗产项目或产品方案通过评审,领导小组应及时进行文化效益、社会价值、市场前景等审核与评估,使之尽快进入实施阶段,并由政府部门首先提供相应的政策优惠和资金支持。

3. 考核与奖励

任何优秀的体育非物质文化遗产文化项目或产品实施后,都应该有考核与奖励措施的跟进,以不断形成文化生态全域保护的良性循环发展态势。体育非物质文化遗产生态全域保护工作的考核,是根据地方社会发展中文化、经济、生态等方面的效益进行的综合评估,其中对恢复乡村文化生态、切实提高人民生活水平的地区以及相关人员给予表彰,使之更好地发挥典型示范作用[①]。中华人民共和国文化和旅游部印发的《国家级文化生态保护区管理办法》中提及,"应坚持保护优先、整体保护、见人见物见生活的理念,既保护非物质文化遗产,也保护孕育发展非物质文化遗产的人文环境和自然环境,实现'遗产丰富、氛围浓厚、特色鲜明、民众受益'的目标"。[②]

---

① 赵羲.乡村振兴中的文化生态建设[J].人民论坛,2019(8):134-135.
② 中华人民共和国国务院公报.中华人民共和国文化和旅游部令第1号《国家级文化生态保护区管理办法》[EB/OL].(2018-12-10)[2021-12-11]. http://www.gov.cn/gongbao/content/2020/content_5467515.htm.

江苏体育非物质文化遗产
市场适用机制及其运行

一 体育非物质文化遗产市场适用机制

所谓市场一般是指买卖双方进行商品交换的场所,也可理解为是把货物的买方和卖方正式组织在一起从而进行合法交易的地方。其中体育非物质文化遗产市场,是指按价值规律进行体育非物质文化遗产产品交换和有偿服务活动的场所。这一场所也是体育非物质文化遗产产品生产和消费的中介。

体育非物质文化遗产市场通常必须具备三个条件:第一,具有能供给人们消费并用于交换的体育非物质文化遗产产品或活动;第二,具有组织这种活动的生产经营者和消费需求者;第三,具有适宜的交换条件。适用一词,通常是指符合客观条件的要求,适合应用。因此,体育非物质文化遗产市场适用机制就是适合体育非物质文化遗产市场运行的应用实现机制。它是通过体育非物质文化遗产市场价格的波动、体育非物质文化遗产市场主体对利益的追求以及体育非物质文化遗产市场供求关系的变化等,以调节体育非物质文化遗产市场经济运行的机制。体育非物质文化遗产市场,同样是市场经济机制内供求、竞争、价格等要素之间的有机联系及其功能表现。

二 体育非物质文化遗产市场供求机制及运行

1. 供求机制概念

体育非物质文化遗产项目是文化市场的重要产品之一。体育非物质文化遗产市场的供求机制是调节体育非物质文化遗产文化市场供给与需求矛盾,使之趋于均衡的机制。供求机制的形成是因为体育非物质文化遗产产品生产经营者和体育非物质文化遗产产品消费需求者为了实现各自的目的,即体育非物质文化遗产生产经营者为了实现利润最大化,体育非物质文化遗产消费需求者为了实现效用最大化,致使双方必须在各种市场上进行交换,以满足各自的需要。这样,供求双方在体育非物质文化遗产市场上就形成供求机制。

在体育非物质文化遗产文化市场,需要解决的第一个问题就是文化市场供给,即在当今普遍的民众体育文化消费市场中,我们的地方政府、体育文化部门、体育社会组织能为广大人民群众提供怎样的可供消费的体育非物质文化遗产文化产品和服务。

需要解决的第二个问题是对文化市场需求信息的了解和掌握。只有供给没有需求,就形不成市场。所谓需求,通常是指购买方在一定的地区、一定的时间、一定的市场营销环境和一定的市场营销计划下,对某种体育非物质文化遗产文化产品及其服务愿意而且能够购买的数量。这就是说在体育非物质文化遗产市场上,民众对体育非物质文化遗产产品有着怎样的期待和意愿,表现出怎样的一种情感和需求,我们的相关部门必须有所了解、有所计划、有所安排,以满足民众对体育非物质文化遗产文化的消费需要。

需要解决的第三个问题是平衡供求关系。就体育非物质文化遗产市场的一般状况而言,其消费需求的旺盛期主要集中在与民俗相关的时令节庆,或者是政府安排的重大节假日,以及庙会和民间集会等时期。在这样的时间节点上,所反映的状况大多是文化产品供给不足,而在日常生活和工作期间,民众可能会表现出对于体育非物质文化遗产产品的需求不够。掌握这些特点,尽可能地对体育非物质文化遗产文化消费市场进行合理的统筹安排,并注意提供多样化的文化消费产品,以减少市场的供需矛盾。

2. 供求机制作用

供求机制是保护体育非物质文化遗产市场平稳运行、健康发展的重要条件之一。供求机制的作用具体表现在以下方面:第一,调节体育非物质文化遗产产品的总量平衡。这里强调的是在市场经济条件下,当体育非物质文化遗产产品供不应求时,可以提高相应的产品价格,以此吸引更多的企业资本对体育非物质文化遗产文化事业的投资;当体育非物质文化遗产产品供过于求时,会导致部分体育非物质文化遗产产品的价值得不到实现,迫使产品出现滞销现象或由此而退出文化市场的竞争。第二,调节体育非物质文化遗产产品结构平衡。

文化市场供求机制,实际是通过"看不见的手",让生产资料和劳动力在不同部门之间进行合理转移,以使文化产品的经济结构达到平衡运动的目标。第三,调节体育非物质文化遗产产品的地区间平衡。即通过供求机制,促使体育非物质文化遗产大市场的各个地区调剂余缺,做到互通有无,相互补充,使体育非物质文化遗产产品的总量平衡和结构平衡能够得到具体的落实。第四,调节体育非物质文化遗产产品时间上的平衡。即根据体育非物质文化遗产产品的性质和特色,将原有的市场经营活动(主要是传统时令节日)不断地向外延伸和拓展,使人们在旅游旺季和平常的节假日中,也能获得对这一类文化产品的消费需求,从而缓解供求矛盾。

综上所述,能够使体育非物质文化遗产市场供求机制发生作用的条件,实际是在体育非物质文化遗产市场的供求关系上,能够根据市场发展的实际状况不断地进行调节和变动。也就是说,"供给与需求背离的时间、方向、程度应当是灵活而适当的,不能将供求关系固定化。供求关系在不断变动中取得相对的平衡,是供求机制作用的实现形式"。①

3. 供求机制功能

在政治经济学上,供求机制对社会经济的运行和发展具有重要功能。在体育非物质文化遗产市场中,供求机制的功能具体表现为:一是调节体育非物质文化遗产商品价格。价格是指商品与货币相交换时货币的数量,价格的本质是商品价值的货币表现。也就是说,价格是商品的交换价值在流通过程中所取得的转化形式。体育非物质文化遗产商品价格,则是指体育非物质文化遗产商品的单位货物或服务质量,其价格水平是由体育非物质文化遗产市场供需关系所决定的。当体育非物质文化遗产市场供大于求时,体育非物质文化遗产文化商品价格就会下降;当体育非物质文化遗产文化市场供不应求时,体育非物质文化遗产文化商品价格就会上涨。这就是供求机制对体育非物质文化遗产文化市场商品价格的调节。二是调节体育非物质文化遗产商品的生产与消费方向和规模。调节体育非物质文化遗产商品的生产与消费方向,是强调供求机制在体育非物质文化遗产市场发展中的引导作用,即通过供求机制引导人们的体育非物质文化遗产消费意识和取向。比如,通过养生武术类的体育非物质文化遗

---

① 王福君,安甜甜,曲丽秋. 经济管理基础知识[M]. 北京:北京理工大学出版社,2015.

产产品,可引导人们的健康、健身消费取向;通过龙舟龙舞类的体育非物质文化遗产文化产品,可引导人们的休闲、娱乐消费等取向。调节体育非物质文化遗产商品的生产与消费规模,是强调供求机制在体育非物质文化遗产文化市场发展中的经济效益,在生产与消费两旺的条件下,不断地将体育非物质文化遗产产品做大做强,才能获得更大的社会经济效益,并由此形成体育非物质文化遗产市场的良性循环。三是供求结构的变化能调节体育非物质文化遗产商品生产结构和消费结构的变化。现代社会生活的丰富多彩,导致了现代人对体育文化消费的多元化需求,因而体育非物质文化遗产产品生产结构的调整主要是从以往的单一化不断向多元化转变,以满足人们的多样化消费需求。其多元化表现在既提供个体性的体育非物质文化遗产消费产品,也提供群体性的体育非物质文化遗产消费产品;既提供参与性的体育非物质文化遗产消费产品,也提供欣赏性的体育非物质文化遗产消费产品;既提供外地引进的体育非物质文化遗产消费产品,也提供生长在本乡本土的体育非物质文化遗产文化消费产品等。

总之,体育非物质文化遗产市场的供求关系,一方面受体育非物质文化遗产商品价格和体育非物质文化遗产产品竞争因素的影响;另一方面也会引起体育非物质文化遗产商品价格的变动和体育非物质文化遗产产品竞争的开展。它们之间存在着一个相互依存、相互影响、相互制约的关系。供求运动是市场矛盾运动的核心,其他如价格要素、竞争要素以及货币流通等的变化,无不都是围绕着市场供求需要而展开。由此,供求机制自然成为调节体育非物质文化遗产市场供给与需求矛盾,使之趋于均衡的重要机制。

三 体育非物质文化遗产市场竞争机制及运行

1. 体育非物质文化遗产市场竞争方式

体育非物质文化遗产的市场竞争是市场经济活动中的重要特征。在市场经济条件下,无论从事哪类体育非物质文化遗产的生产与营销,必然都存在着市场竞争问题。体育非物质文化遗产的市场竞争,具体表现在如何从利益主体出发,通过营造最佳的产销条件而获取更多的市场资源、市场话语权和市场利益。体育非物质文化遗产的市场竞争,是在不断维护自身利益的驱动下,表现出一边是对既有同类经济行为主体的排斥;一边是对自己可能被同类经济行为主体排挤的担心。所以从这个意义上说,市场竞争是残酷的。但也正是通过市场竞争,导致文化企业的不断洗牌和优胜劣汰,进而能够实现生产要素的优化配置。

在市场经济条件下,体育非物质文化遗产市场的竞争方式表现出多种多样的态势。例如,有的偏重于服务质量竞争;有的偏重于广告营销竞争;有的偏重于产品价格竞争;有的偏重于产品内容花式的创新竞争。偏重于服务质量的竞争中,如同样是促进健康长寿的养生类体育非物质文化遗产产品,它们的传统理论基础、理论依据和运动方式可能并没有太大的差别,但是在激烈的市场竞争中,只有表现为谁的服务质量好,谁所占有的客源市场才可能更多或更大。偏重于广告营销的竞争中,如同样属传统武术类的体育非物质文化遗产产品,为了能被广泛的体育非物质文化遗产文化市场接受,被广大的社会武术爱好者所认可,谁采取的广告营销手段好,谁的市场占有率就更高。偏重于产品的价格竞争中,如同样是舞龙舞狮的体育非物质文化遗产产品,在面向表演业的市场营销中,谁能在保证质量的基础上用较为低廉的市场价格,谁就能获取更高的市场认可度。偏重于产品内容花式的创新竞争中,如体育非物质文化遗产项目花毽和掇石锁,都是在对产品内容花式不断创新的基础上,赢得了更多的业余爱好者和练习者的推崇。

2. 体育非物质文化遗产市场竞争定位

在市场经济条件下,文化企业的成功与否,不仅与产品质量、服务质量、企业自身发展能力有关,而且还与企业或产品在市场的定位有关。这就是说,市场竞争中的文化产品需要有合适的、准确的定位,要使自己的产品在顾客的心智阶梯中占据最有利位置,且能够逐渐地做到由文化产品向文化品牌过渡,由文化品牌向文化名牌过渡。

这种市场的竞争定位大致可以分为四种类型。其一,体育非物质文化遗产市场竞争的领先者,指同类经济主体行为中,市场占有率最高者;其二,体育非物质文化遗产市场竞争的挑战者,指为争取达到市场领先地位而向该领域龙头老大发起挑战的企业;其三,体育非物质文化遗产市场竞争的跟随者,其表现为相对地安于现状,参与市场竞争但决不扰乱市场,对自己的市场目标定位是尽量能够在共处的状态下去求得较多的市场利益或社会效益;其四,体育非物质文化遗产市场竞争的补缺者,他们尽量避开与占主导地位的企业之间进行竞争,其目标定位是对总体市场中的某些细分市场,做到精心服务,且特别注意通过自己独有的专业化经营,以获取体育非物质文化遗产市场的生存空间和发展空间。

在市场经济行为中,领先者通常是以不断提高市场占有量为竞争目标,通过不断发现新的购买者和使用者、开辟产品的新用途、增加产品的使用量,从而扩大市场需求,确保自己的市场主导地位。挑战者则是市场竞争行为中的攻击型选手,他们渴望成为行业中的领头羊,不安于行业中的发展现状,因而会不断地向领先者发起挑战,也会向其他的挑战者或跟随者发起挑战,他们常常是市场竞争行为中最不安定的因素。跟随者是一批特别希望市场能够稳定发展的企业,对行业现状的发展较为认可且特别认可领先者的地位即现存的行业老大,其目标是共享共荣,行业稳定,使大家都有钱赚。补缺者是企业竞争夹缝中的生存者,他们体量不大但比较专业化和善于寻找市场,并能做到通过精细和热情周到的服务,以良好的信誉赢得行业认可和市场认可。

3. 体育非物质文化遗产市场竞争策略

(1) 高质量竞争策略。在体育非物质文化遗产市场竞争的策略中,高质量竞争策略是指以高质量为竞争手段,主要致力于高质量企业形象,并希望在竞争中以高质量超越同类经济行为主体。高质量包括体育非物质文化遗产产品面向市场的内容展示质量、内容传播质量、学习指导质量,以及服务质量等。

(2) 低成本竞争策略。在体育非物质文化遗产市场竞争的策略中,低成本竞争策略是指以尽量降低成本作为主要竞争手段,希望自己在与同类经济行为主体的竞争中,占有绝对的成本优势。低成本包括降低人力成本(一人承担多种服务)、降低体育非物质文化遗产道具和物质器材成本,以及秉承薄利多销的经营理念等。

(3) 差异优势竞争策略。在体育非物质文化遗产市场竞争的策略中,差异优势竞争策略是通过充分认识自己的竞争优势并集中发挥自身的竞争优势。其关键词在于:一是充分认识自己的优势;二是集中发挥自己的优势。所谓充分认识,就是充分认识到自己在体育非物质文化遗产市场中的核心竞争力是什么?这种核心竞争力对于其他经济行为主体几乎难以复制,在市场行为中不可被替代。也就是说,差异优势竞争策略所追求的最高目标应该是自己的文化产品能在共有的目标市场中"鹤立鸡群"。所谓集中发挥,指的是寻找到体育非物质文化遗产消费市场中的差异化群体,并针对这个群体的消费行为或消费特点做精准的文化营销。其所追求的最高目标是自己的文化产品在共有的目标市场中"不可替代",是消费人群的"不二选择"。

四 体育非物质文化遗产文化市场价格机制及运行

1. 价格机制的内容与地位

有市场就必然有价格。比如有商品市场,就必然有商品价格;有劳务市场,就必然有劳务价格;有信息市场,就必然有信息价格等。所以价格机制是市场机制的基本机制。体育非物质文化遗产市场机制形成的条件是必须具备三个要素:其一,需要有体育非物质文化遗产产品的生产经营者。他们广泛地存在于社会,经济独立,且主要直接依赖于体育非物质文化遗产市场的营销活动而生存。其二,需要有体育非物质文化遗产产品的需求者。他们广泛地存在于社会,在经济上具有独立支付的能力,而且有体育非物质文化遗产产品能够进行自由买卖。其三,需要有较为完善的体育非物质文化遗产市场体系,即在政府主导下所形成的较为完善的文化市场体系,具体包括体育非物质文化遗产的产品市场、劳务市场、信息市场、技术市场等。正是由以上条件形成的较为完善的文化市场体系,导致了具有市场经济性质的体育非物质文化遗产市场供求机制、价格机制、竞争机制的形成。它们在体育非物质文化遗产市场机制中,有着各自不同的作用,处于各自不同的地位。然而价格机制,则处于体育非物质文化遗产市场机制的核心地位,因为它对于供求机制、竞争机制均有着推动作用。

因此体育非物质文化遗产市场的价格机制,是体育非物质文化遗产市场竞争过程中,与体育非物质文化遗产供求既相互联系又相互制约的体育非物质文化遗产市场价格的形成和运行机制。在体育非物质文化遗产市场上,供求双方不断交换,即必须以货币作为媒介才能达成交易,由此便形成了体育非物质文化遗产市场的价格机制。它通常表现为各种交易价格在体育非物质文化遗产市场上形成后所发出的供求变动信号。当价格上涨时,会出现体育非物质文化遗产产品的供不应求;当价格下跌时,会出现体育非物质文化遗产产品的供过于求。这就是说,体育非物质文化遗产产品在具体的市场价格变动和市场供求变动之间,存在着相互制约的联系与作用。当体育非物质文化遗产产品的价格变动时，自然会引发产品供求关系的变化；反之，当体育非物质文化遗产产品的供求关系发生变化时，亦会导致体育非物质文化遗产产品价格的变动。可见，体育非物质文化遗产市场的价格机制，是体育非物质文化遗产市场机制调节作用的集中体现，是体育非物质文化遗产市场机制实现调节作用的枢纽。因此，体育非物质文化遗产市场的价格机制也是体育非物质文化遗产市场机制中最为敏感的调节机制，同时又是最为有效的调节机制。

在市场经济条件下，体育非物质文化遗产市场的价格机制与体育非物质文化遗产市场的供求机制形成了以下关系。一方面，体育非物质文化遗产市场的供求机制，是体育非物质文化遗产市场价格机制的保证。供求机制反映体育非物质文化遗产产品的价格与供求关系的内在联系，保证价格机制的形成。另一方面，体育非物质文化遗产市场的价格机制，也会对体育非物质文化遗产市场的供求机制起着一定的推动作用。因为随着体育非物质文化遗产产品价格的涨落，会推动体育非物质文化遗产产品的生产者或经营者，适时增加或减少供给量；还会推动体育非物质文化遗产产品消费需求者，适时增加或减少需求量，由此不断调节体育非物质文化遗产市场上的供求关系。体育非物质文化遗产市场的竞争机制，是体育非物质文化遗产市场价格机制的关键。在市场经济活动中，一方面市场竞争可以促进社会进步和经济发展；但另一方面，市场的价格机制也会对市场的竞争机制发挥推动作用，即体育非物质文化遗产产品的价格升降，会促进体育非物质文化遗产产品生产者或经营者自觉开展各种竞争，以推进产品创新、技术创新、管理创新、服务创新等，在他们能够为自己获取更多市场利润的同时，也会为社会的体育非物质文化遗产文化消费者带去更多的便利和实惠。

2. 价格机制的作用与功能

根据以上原理可以发现，体育非物质文化遗产产品价格机制的作用主要表现在两方面：一是通过价格机制调节体育非物质文化遗产产品的生产；二是通过价格机制调节体育非物质文化遗产产品的消费。从调节体育非物质文化遗产产品的生产来看，主要体现在推动生产体育非物质文化遗产产品的劳动生产率的提高和资源消耗的节约，以及调节资源在社会各个生产部门之间的分配，能够按比例、按需要发展。从调节体育非物质文化遗产产品的消费来看，则主要是通过体育非物质文化遗产产品价格总水平的涨落，来调节体育非物质文化遗产产品的消费需求规模;通过体育非物质文化遗产产品比价体系的变动,调节体育非物质文化遗产产品市场的消费需求结构和消费需求方向。由此可见,在市场经济活动中,任何体育非物质文化遗产产品的价格变动,都会在一定程度上引起市场活动中不同部门、不同地区、不同单位、不同个人之间经济利益的重新分配和组合。所以价格机制解决了生产怎样的体育非物质文化遗产产品、生产多少的体育非物质文化遗产产品,以及怎么去生产体育非物质文化遗产产品等一系列的文化市场实际问题,并直接影响到社会文化消费者购买体育非物质文化遗产商品的行为。

与体育非物质文化遗产文化产品价格机制的作用不同,体育非物质文化遗产产品价格机制的功能则主要表现为:传递信息、调节资源配置、调节收入,以及竞争的有力工具。所谓传递信息功能,是指价格通常以其自身变动的方向和幅度,传递体育非物质文化遗产市场商品供销等经济信息,用于提高体育非物质文化遗产生产企业的决策效率。调节资源配置功能,是指价格的高低会影响供求关系,从而引导体育非物质文化遗产市场的生产与消费,因而可以调节资源合理配置。调节收入功能,是指从价格高低决定体育非物质文化遗产文化产品的生产者和消费者的经济利益这一视角出发,说明价格是调节收入分配的尺度。竞争的有力工具功能,是指价格机制也是体育非物质文化遗产市场竞争的有力工具。

3. 体育非物质文化遗产产品市场的价格形成与调节

体育非物质文化遗产产品的价格形成,主要考虑以下因素:一是产品价值因素;二是货币价值因素;三是市场供求关系因素;四是政府相关政策因素。产品价值因素包括了历史文化的传承要素、人力资本的投入要素、知识产权要素,以及娱乐休闲健身的效率要素等。货币价值因素主要是强调了货币随着时间的推移而发生的增值现象,也就是通常所说的货币的时间价值。供求关系因素指的是,当体育非物质文化遗产产品供过于求时,价格的定位可取低;当体育非物质文化遗产产品供不应求时,价格的定位可取高。政府相关政策因素指的是,当政府部门的政策大力推广鼓励发展时,价格的定位可取高;当政府部门的政策进行调控限制发展时,价格的定位可取低。

体育非物质文化遗产产品的价格调节,主要考虑以下几个方式:一是按计划调节的方式形成价格。即根据地方政府机构或体育文化部门对体育非物质文化遗产产品发展的总体规划,和分步实施的具体步骤要求,进行价格的定位。二是按市场调节的方式形成价格。即在市场竞争中,根据体育非物质文化遗产产品自身特点、作用,以及被社会大众认可和接受的程度等,进行价格的定位。三是按计划调节和市场调节相结合的方式形成价格。即既考虑政府部门的规划安排和发展目标,也结合文化市场的现有状况和社会对体育非物质文化遗产产品的需要,进行价格的定位。

江苏体育非物质文化遗产政策保障机制及其运行

一 项目传承的政策保障机制及其运行

1. 体育非物质文化遗产项目传承保护政策

体育非物质文化遗产项目是以人为本的文化遗产,是以人为载体,以口传身授为形式,以历史记忆和动作技能为核心的非物质文化遗产,是活态的遗产。它是中华民族传统体育文化的 DNA,是中华民族传统体育文化的根和脉。因而我们不仅要充分认识保护体育非物质文化遗产文化的意义所在,而且要在政策保障上制定切实可行的措施,以更好地服务于新时代乡村振兴过程中的政治文明建设、经济文明建设和精神文明建设。

体育非物质文化遗产项目传承保护政策的内容主要有:一是制定体育非物质文化遗产项目传承保护规划。保护规划需要结合不同的体育非物质文化遗产项目特点以及本地区的实际情况,明确具体的保护目标,其中包括项目保护的时间目标、项目保护的质量目标等。完善具体的保护方式,包括抢救性保护、生产性保护、整体性保护等。其中抢救性保护的基础工作是对体育非物质文化遗产项目的普查,核心工作是建立体育非物质文化遗产项目的名录体系,重点工作是保护体育非物质文化遗产项目的传承人。生产性保护是通过生产、流通、销售等手段将体育非物质文化遗产项目及其资源,转化为生产力和体育文化产品,从而产生经济效益。同时能通过体育非物质文化遗产项目在生产实践中的积极保护,以促进相关产业的发展,使体育非物质文化遗产项目保护与社会经济文化发展之间,产生较好的良性互动。整体性保护就是保护体育非物质文化遗产项目所拥有的全部内容和形式,其中也包括了对项目传承人的保护,和对文化生态环境的保护。落实保护措施,即增强保护措施的针对性和可操作性，做到能按照保护规划要求和具体实施方案，逐项逐条对保护措施予以落实。

二是加强对体育非物质文化遗产项目的资料保存与研究，主要涉及记录、保管和立档三件工作。所谓记录，是指对项目和项目传承人的文字、图片、影像记录；保管，是指对项目或项目传承人相关实物、资料的征集和保管过程；立档，是指对所有采集到的文字、图片、影像、实物等建立档案和数据库，包括电子化。同时，在对项目的深入调查研究过程中，还应该做到有计划和有意识地出版与项目相关的成果。

三是完善体育非物质文化遗产项目的传承机制，即涉及"传"和"承"两个方面的机制建设。从"传"的角度出发，主要是为项目传承人开展传承活动创造好的条件，包括提供必要的传承、展示场所，提供一定的经费资助和提供更多的宣传展示机会等。从"承"的角度出发，对广大的受众体和爱好者来说，可以为他们建立起一定的激励机制，包括提供学习结业证书，甚至可以提供适当的助学金、奖学金等。

四是开展体育非物质文化遗产项目的教育传播活动，即鼓励教育和体育、文化部门的密切合作，建立体育非物质文化遗产的教育传播机制，在学校及社会广泛开展教育活动，从而促进青少年和广大社会民众积极参与对体育非物质文化遗产的保护与传播。

五是突出对体育非物质文化遗产项目的整体性保护，即综合考虑社会、经济、文化、体育等各方面的要求，通过政府及相关部门的文化发展规划和计划，协调法律、行政、技术等各方面的要素，并由地方政府和社会公众共同参与实施的系统性、整体性保护。

2. 体育非物质文化遗产传承人保护政策

2020年9月1日，《江苏省非物质文化遗产代表性传承人认定与管理办法》公布，其中涉及体育非物质文化遗产传承人保护的问题中，第一是申报条件的规定。凡作为省级非物质文化遗产代表性传承人的申报，应当符合下列条件：（一）爱国敬业，遵纪守法，诚实守信，德艺双馨。（二）对照江苏省人民政府公布的各批省级非物质文化遗产代表性项目名录（含扩展项目），能积极从事省级非物质文化遗产代表性项目的传承实践活动，传承谱系清晰，且具有明确的师承关系。（三）从事该项体育非物质文化遗产传承实践已经达到20年及其以上，且对所传承的体育非物质文化遗产代表性项目的知识和核心技艺，能够熟练掌握。(四)在所从事的体育非物质文化遗产项目领域内被普遍认可和认同,并在一定区域具有较大影响力。(五)在该项非物质文化遗产的传承中具有重要作用,能够积极开展传承活动,采取有效模式、多种方式培养后继人才。(六)积极配合各级文化和旅游行政主管部门开展公益性宣传、展演、展示等活动。(七)本省居民或在省级非物质文化遗产代表性项目所在地区长期居住和工作、被认定为该项目的设区市级代表性传承人2年(含)以上;对于那些只是从事非物质文化遗产资料搜集、整理和研究的人员,不能被认定为省级非物质文化遗产代表性传承人。

  第二是政府和相关部门应当为传承人的项目传承活动尽可能提供帮助,例如,提供或协调安排必要的体育非物质文化遗产传承、传播场所;支持体育非物质文化遗产项目传承人开展授徒、传艺、交流等活动;指导和支持体育非物质文化遗产项目传承人开展体育非物质文化遗产记录、整理、建档、研究、出版、展览、展示,以及展演等活动;支持体育非物质文化遗产项目传承人参加学习和培训活动;支持体育非物质文化遗产项目传承人参与社会公益性活动;支持体育非物质文化遗产项目传承人开展非物质文化遗产传承、传播等活动。同时提出:当地的文化和旅游行政主管部门,应当协调有关部门(如体育局)积极创造条件,鼓励社会组织或个人,对无经济收入来源、生活确有困难并长期坚持开展公益活动的省级体育非物质文化遗产代表性传承人提供资金帮助,以保障他们的基本生活需求。

  第三是明确了作为省级体育非物质文化遗产传承人权利与义务的政策界限。其中权利包括:(一)开展知识和技艺传授、艺术创作与生产、展示展演及宣传等活动。(二)参加教育培训、学术研究及交流等活动。(三)可以按照规定获得相应的补助资金,以及在传承、传播工作或其他活动中获得相应的报酬。(四)与非物质文化遗产保护相关的其他方面的权利。义务包括:(一)积极开展各类传承活动,采取多种形式培养后继人才。(二)妥善保护、保存所掌握的知识、技艺及有关资料、实物。(三)积极配合文化和旅游行政主管部门及其他相关部门进行非物质文化遗产调查、记录和研究等工作。(四)积极参与体育非物质文化遗产文化的相关公益性宣传活动。(五)与非物质文化遗产保护相关的其他方面的义务。对项目传承人具有以下情形之一者,则依规取消其省级非物质文化遗产代表性传承人资格,主要包括:(一)丧失中华人民共和国国籍的。(二)采取弄虚作假等不正当手段取得资格的。(三)无正当理由不履行义务,传承人履行义务评估不合格,且限期整改仍不合格的。(四)违反法律法规或违背社会公德而造成了重大不良社会影响的。(五)自愿放弃资格,或因其他事项应当取消非物质文化遗产代表性传承人资格的情形。

从以上已经出台的传承人保护政策来看,确实考虑得比较全面且在实际工作中也颇有成效,但为了更好地将传承人保护工作做好,以下问题需要在今后的政策措施中进一步改善。一是要解决好代表性传承人"代表"责任过重的问题。从体育非物质文化遗产传承人的实际状况来看,他们往往是"既要继续精研技艺、建业创新,身负文化传承之重任,又要对非物质文化遗产技艺之外的社会性宣传、教育,甚至地方经济的增益发挥作用,他们承受着来自本业和社会各方的巨大压力"。二是在现有的体育非物质文化遗产传承人保护机制中,"各级代表性传承人级别高下分明,待遇层次有别,与民间的普通传承人拉开了距离。这种精英式传承人保护制度并不适用所有的非物质文化遗产保护项目"。[①] 因此,政策的制订和改善,需要不断向更加精准、具体和多元的方向发展。

3. 体育非物质文化遗产传承方式保护政策

(1)师徒传承方式保护。体育非物质文化遗产的传承主要属于技艺技能的传承,师徒传承是其最基本的也是最古老的传承方式。作为农耕社会生活模式下的拜师学艺,从来都是求得社会生存的重要手段。通过几年艰苦的学徒生涯的完成,徒弟最后走出师门,另立门户,且独当一面。走出师门的徒弟根据师傅的经验与心得,再次通过授徒以完成传承任务。以此循环往复,使某项体育技艺和技能不断发扬光大。师徒传承的保护,一是在政策上鼓励师徒间的自由结合和传承。如,苏州市明确要求各级政府和部门"应当对列入濒临消失的非物质文化遗产代表性项目名单的项目学艺者予以扶持。"[②]二是地方政府或部门可以根据体育非物质文化遗产的保护规划,帮助推荐徒弟,组成结对传承。但无论是怎样的师徒结对传承方式,都需要坚持以下两个原则。

首先是坚持对徒弟的选择要有较高的要求,一般来说具备三个条件。其一,徒弟的道德要求;其二,徒弟对非物质文化遗产的热爱和兴趣;其三,徒弟需

---

① 吕静,薄小钧."非遗"传承人保护政策的再思考[J].东南文化,2018(6):6-11.
② 江苏省人民代表大会常务委员会.苏州市非物质文化遗产保护条例[EB/OL].(2013-11-21)[2021-12-11]. http://www.jsrd.gov.cn/zyfb/hygb/1205/201311/t20131121_76150.shtml.

要有一定的学习悟性。所谓道德要求,在中国的师徒传承中历来有着很好的传统。例如,《黄帝内经·灵枢》中曾记载说,"此先师之所禁坐私传之也,割臂歃血之盟也"(禁服篇),讲的是古代医学传授,对于私藏的秘密医方是不会轻易传授于他人的。其原因是作为师傅必须通过长时间的考察,认为其徒弟的人品确实达到一定的境界并为师傅所认可时,方可以将医学秘方传授给徒弟。如,长桑君之所以最后将医学禁方传于秦越人,公乘阳庆之所以最后将医学禁方传于淳于意,都是因为经过长期对自己徒弟的考察,认为他们(秦越人、淳于意)都具有极高的医学道德,所以才有可能最终使他们成为广为民间传颂的一代医学大师。其中,我们虽未见"割臂歃血之盟",但也能充分了解到师傅对徒弟的那种对医学禁方传授的极端审慎和严肃。在中华民族传统体育的文化传承史上,也很早就有"非信廉仁勇,不能传兵论剑"(《史记》)的说法,明确提出了"未习武,先观德"的要求。清代武术人士黄百家著有《内家拳法》,其中对于武术授徒已经明确提出了徒弟所应具备的四项道德要求:一是心险者不可传。心险者,指居心险恶者也。二是好斗者不可传。好斗者,即用强暴的手段对待他人者。三是狂酒者不可传。狂酒者,乃嗜酒如命之人也。四是轻露者不可传。轻露者,即爱随便卖弄武技、武艺的人。

热爱和兴趣是强调师徒传承中徒弟入门的第二个条件,即应该是对体育非物质文化遗产具有很高的学习热情和兴趣。因为兴趣在人的实践活动中具有重要意义,兴趣可以更好地集中人的注意力,使人能出现愉快紧张的心理状态。由此对人的认识和活动都会产生积极影响,从而有利于提高学习效果和学习质量。此外,人的学习热情也会因为兴趣而得到长久保持,在长久热情状态下的学习活动,更容易使人获得学习成就。

强调师徒传承中徒弟入门的第三个条件是要有悟性。悟性是指一个人对事物理解、分析和感悟的能力。悟性是一种智慧的体现,一种境界的体验。这就是说每个人的天赋是有不同的,天赋好的人在学习某种事物时确有事半功倍的效果,反之,则可能是事倍功半,永远达不到应有的境界。所以在体育非物质文化遗产的师徒传承中,要求徒弟应该具备学习的悟性。对于这种悟性,虽然说只能意会,不可言传,但从方法论角度说,这种悟性就是将已有的经验嫁给了触类旁通的思维方式。因此,在师徒传承活动中便有了那句名言:师傅领进门,修行在个人。

其次,由于师徒传承是一个双向共存的关系,因此为了达到体育非物质文化遗产持续、健康的传承目的,对于师傅同样有基本的师德要求。它包括了先秦儒家提出的"学而不厌、诲人不倦"的有关学、诲的师德;包括了"其身正,不令而行;其身不正,虽令不从"那种不能正其身如何能正人的"言传身教,以身作则"的师德;包括了早在我国汉代就已经提出的"善为师者,既美其道,有慎其行"的道德品质和言谈举止;包括了宋代教育大家朱熹确定的"博学、审问、慎思、明辨、笃行"的师德规范等。总之,体育非物质文化遗产的师徒传承一定是建立在"技艺技能"的传承关系上,而非其他,更不能与经济利益捆绑,从而改变师徒间体育非物质文化遗产传承的基本性质。

(2)社区传承方式保护。社区是指某一地域里个体和群体的结合,其成员之间在生活层面、心理层面和文化层面均存在着一定的相互关联和共同认识,并通过一定地域范围内的聚居形式而组成社会生活共同体。它是社会有机体最基本的内容,是宏观社会的缩影。社区传承是体育非物质文化遗产文化向社会推广的主要阵地,社区传承方式的政策保护应在两个方面有所坚持。第一,坚持社区传承的公益性;第二,坚持社区传承的普惠性。公益性强调的是非营利性和社会效益,即以谋求社会效应为目的,有着投资规模大、受益面宽、服务年限长和影响力深远等特点。因此体育非物质文化遗产社区传承的公益性更需要有政府部门明确的发展规划,以及出台相应的扶持、鼓励政策。普惠性,即普遍受惠的意思,是指通过社区传承方式,能够让普通大众在接触、参与体育非物质文化遗产的过程中,普遍得到好处。比如娱乐自己的身心,增强身心的健康等。

社区传承在做到两个坚持的同时,要做好社区传承的计划方案,并应采取定期或不定期的形式走进社区服务。定期进社区的传承方案通常包括"指导思想、活动主题、活动内容、活动要求、活动保障"等内容。非定期进社区往往是为配合某种社会重要活动或某个社会重大节庆而进行的,因此其传承方案更多表现为一种活动流程安排。如,体育非物质文化遗产项目的展示或展演;动作技艺技能的讲解示范;观众或爱好者的自我体验和动作技能纠正;传承人与爱好者的共同演示等。通过体育非物质文化遗产文化经常的"零距离"进社区活动,不仅加强了社区居民对优秀体育非物质文化遗产的接触、了解和认识,以激发起他们对体育非物质文化遗产的热爱和保护;而且还提升了人们对体育非物质文化遗产的认同和感悟,从而也丰富了广大社区居民的业余文化生活。

(3)学校传承方式保护。体育非物质文化遗产的学校传承是教育传承,也是保护传承体育非物质文化遗产方式中最重要的传承方式。因而从政策保护的角度看，它应该坚持做到"三性"，即体育非物质文化遗产知识传承的系统性；体育非物质文化遗产技艺技能传承的专业性；体育非物质文化遗产传承的创新性。

系统性是指层次分明的整体。即在不同层级上有着不同维度的指标，不同层级指标形成一定的秩序。而且，指标层与指标层之间以及同层级指标之间，均表现为清晰的逻辑关系。根据这一原理，体育非物质文化遗产的学校传承在首先保证其知识整体性的同时，还能根据不同年级要求做到不同年级甚至不同班级之间内容传授的差异性。由此，学校的体育非物质文化遗产传承不仅要有明确的目标、理念、大纲、内容、方式等，而且要有具体能操作和教学用的校本体育非物质文化遗产教材，以保证知识传承的系统性。专业性是用来描述人的职业生涯中长时期从事某种具体业务的作业规范，主要强调的是一种专业素养。体育非物质文化遗产的学校传承，其专业性表现为对体育非物质文化遗产技艺技能专业性的理解和把握，是对技艺技能方面的传承。创新性通常是指以现有的思维模式为基础，能够提出有别于常规的或常人思路的见解，并以此为导向，利用现有掌握的知识或者条件而创造出新的事物。它是本着理想化需要或者是为满足社会某种需求而在特定的环境下所采取的创造性行为。体育非物质文化遗产的学校传承，既要注意到现代社会发展的环境变化，又要考虑到现代青少年对传统的理解和认识，还要结合他们现有的体育知识和对体育的要求，不断地创新传承内容及传承方式。做到有的放矢，以提高传承质量和效果。

二 经费投入的政策保障机制及其运行

1. 加大政府对体育非物质文化遗产的经费投入

地方政府对体育非物质文化遗产的传承与保护起着领导与核心作用，甚至可以被理解为是体育非物质文化遗产保护的第一责任人。因此在乡村振兴的背景下，为守护住地方的乡村体育文化传统，各级地方政府理当积极地支持、引导、部署地方的民族传统体育、民间体育和民俗体育文化的挖掘、保护与整理、复兴，其重点是要保护和利用好原有乡村传统体育文化所需要的展示、展演场所，传统体育文化的展演道具及其制作材料与工艺，以及传统体育文化的民俗风情、运动技艺和技能等物质的和非物质的文化遗产,从而使地方的体育文化能够多一点"泥土的芬芳",多一点"时光的味道",以便留住更多美丽的"乡愁"和对故乡的眷念与热爱。

为此,随着地方经济的快速发展和 GDP 不断增长,政府也需要不断加大对文化发展事业的经费投入,其中包括将体育非物质文化遗产的传承与保护列入政府预算,并注意对经费的使用与管理。例如,江苏省财政厅、江苏省文化厅曾于 2018 年 11 月 20 日联合印发《江苏省非物质文化遗产保护专项资金使用管理办法》(以下简称《管理办法》)的通知。《管理办法》对涉及部门的管理职责、专项资金的使用范围都有明确要求。其中对专项资金申报、审批和拨付,以及专项资金的监督管理和绩效考评等,也都有较为明确的规定。且特别要求各级财政与文化主管部门按照分级负责、各司其职、相互配合的原则,划分管理职责,在项目申报、执行、监督、评价各个环节做到职责分明、责任清晰[①]。例如《管理办法》指出,专项资金主要用于对非物质文化遗产代表性项目保护单位和个人的补助,以及经相关政府部门批准的其他项目补助,包括省级以上体育非物质文化遗产的代表性项目补助、省级体育非物质文化遗产项目代表性传承人补助,以及一些有关非物质文化遗产文化建设的重点工作或重大工程补助等。其中对每位代表性传承人的年补助标准是 0.8 万元,用于补助体育非物质文化遗产项目省级代表性传承人开展传习、传播等工作和活动。《管理办法》要求各级财政和文化主管部门、资金使用单位应按照专项资金管理办法和项目绩效目标等组织预算执行。预算执行过程中,地方各级财政和文化主管部门应对资金使用情况和绩效目标实现程度开展监控,及时发现并纠正专项资金使用和管理过程中存在的问题,力保项目绩效目标如期实现。同时《管理办法》也规定了"弄虚作假申报专项资金,擅自变更补助项目内容,截留、挪用和挤占专项资金,擅自动用专项资金购置与项目无关的固定资产,因管理不善,给国家财产造成损失和浪费,不具备项目实施条件"等情形之一者,将根据有关法律法规对项目单位采取停止拨款、暂停核批新的补助项目、追回已拨资金等方式进行处理。存在违法违纪行为的,还将按照有关法律规定,追究有关单位和个人的责任。

---

① 江苏省财政厅.关于印发《江苏省非物质文化遗产保护专项资金使用管理办法》的通知[EB/OL].(2018 - 10 - 25)[2021 - 12 - 11]. http://czt.jiangsu.gov.cn/art/2018/10/25/art_59280_7852508.html.

此外,如苏州市人民政府也明确规定:市、县级市(区)和镇人民政府要加强对非物质文化遗产保护经费以及相应各专项资金的管理、使用和监督,对于非物质文化遗产保护经费和专项资金的使用,应当突出重点、专款专用、注重实效①。

2. 积极争取上级部门的体育非物质文化遗产专项经费

除了本地政府要加大对体育非物质文化遗产的经费投入外,积极争取上级部门的体育非物质文化遗产专项经费,也是加大对体育非物质文化遗产经费投入的重要渠道。例如,2018 年江苏省文化厅下拨的非物质文化遗产保护专项资金共为 1 400 万元。其中拨给省直属相关文化单位的资金是 268.2 万元,其余 1 131.8 万元全部拨给了相关的市县,包括南京市 86.4 万元、无锡市 49.2 万元、徐州市 35.8 万元、常州市 115.8 万元、苏州市 107.8 万元、南通市 53.4 万元、连云港市 44.4 万元、淮安市 63 万元、盐城市 34.6 万元、扬州市 85.8 万元、镇江市 24.6 万元、泰州市 5.6 万元、宿迁市 35.4 万元。另有相关的 23 个县级单位获得了年度的资金支持,包括宜兴市 50 万元、丰县 10 万元、睢宁县 15 万元、新沂市 10 万元、溧阳市 20 万元、张家港市 20 万元、昆山市 15 万元、如皋市 15 万元、灌云县 15 万元、灌南县 10 万元、金湖县 15 万元、涟水县 15 万元、阜宁县 10 万元、响水县 15 万元、宝应县 15 万元、仪征市 15 万元、高邮市 15 万元、丹阳市 30 万元、泰兴市 10 万元、兴化市 30 万元、沭阳县 10 万元、泗阳县 15 万元、泗洪县 15 万元。

此外在重点项目保护经费中,上级部门也提供了与体育非物质文化遗产相关的经费专项支持,如新沂锣鼓 10 万元、睢宁落子舞 15 万元、曹氏中药热敷接骨疗法 10 万元、刘氏自然拳 10 万元、闵桥连湘 15 万元、沙沟游走灯会 15 万元、洪武花棍舞 15 万元等。对于这些上级部门的体育非物质文化遗产专项经费,地方各级政府需要积极争取以作为地方经费投入的补充。

3. 体育非物质文化遗产的保护和投入应鼓励引进民间资本

2010 年,国务院颁布了《关于鼓励和引导民间投资健康发展的若干意见》,

---

① 江苏省人民代表大会常务委员会.苏州市非物质文化遗产保护条例[EB/OL].(2013 - 11 - 21)[2021 - 12 - 11]. http://www.jsrd.gov.cn/zyfb/hygb/1205/201311/t20131121_76150.shtml.

其中曾明确指出:"改革开放以来,我国民间投资不断发展壮大,已经成为促进经济发展、调整产业结构、繁荣城乡市场、扩大社会就业的重要力量。在毫不动摇地巩固和发展公有制经济的同时,需鼓励、支持和引导非公有制经济发展,以进一步鼓励和引导民间投资。它有利于坚持和完善我国社会主义初级阶段基本经济制度,以现代产权制度为基础发展混合所有制经济,推动各种所有制经济平等竞争、共同发展;有利于完善社会主义市场经济体制,充分发挥市场配置资源的基础性作用,建立公平竞争的市场环境;有利于激发经济增长的内生动力,稳固可持续发展的基础,促进经济长期平稳较快发展;有利于扩大社会就业,增加居民收入,拉动国内消费,促进社会和谐稳定。"可见在体育非物质文化遗产保护工作中,注意向民间资本开放,吸引民间资本对体育非物质文化遗产的投入,同样具有重要意义。

地方政府在对民间资本的开放中,一是要坚持投资自愿原则。对民间资本的吸引不能搞摊派,不能搞强迫。在我国的民法规则中,投资自愿是民事活动中一项重要的基本特征,投资自愿也是民事关系区别于行政法律关系的试金石。在社会主义市场经济活动中,投资自愿意味着当事人,即市场主体是根据自己的知识及其对事物发展的认识和判断能力所进行的自主自愿的投资活动。投资自愿表现为当事人结合所处的相关环境去自主选择自己的投资意愿、投资方向,以追求投资带来的经济和社会利益。坚持在体育非物质文化遗产保护活动中的投资自愿原则,可以更好地保护民间资本对投资体育非物质文化遗产的主动性、积极性和持久创造性。二是要坚持利益共享原则。所谓利益共享,实质就是承认和尊重各个利益主体在享有权利的基础上,社会共同利益公平地惠及各个利益主体,从而推动社会公正目标的实现[①]。民间资本对地方文化事业的投资,同样应该保证他们得到相应的市场利益回报。政府的作用首先表现在如何把民间自愿的投资监测工作和分析工作做好,然后根据所掌握的民间投资自愿状况,及时与合理地引导民间资本对体育非物质文化遗产保护进行投资。在这一过程中,政府还特别要注意积极保护民间资本投资的合法权益问题,特别是在培育和维护平等竞争的投资环境上下功夫,从而实现利益共享。三是要坚持风险共担原则。在市场经济条件下,有投资就有风险。对体育非物质文化遗产市场的投资,同样存在着市场风险。因此,政府在吸引民间资本进入体育

---

① 何影. 利益共享:和谐社会的必然要求[J]. 求实,2010(5):39-43.

非物质文化遗产市场时,一定要求民间资本投资人要有市场风险意识。当然,为了降低风险,地方政府应有所作为,积极探索降低风险的有效方式。其中特别应该做到的是加快建立健全本地区市场服务机构体系,注意提高本地区中介服务机构的社会化和专业化水平,并不断在加强地区性法律法规、产业政策和经营管理的基础上,切实为进入体育非物质文化遗产市场的民间资本提供各方面的支持和支撑。

三 融合发展的政策保障机制及其运行

融合并不是几种不同事物的叠加,而是为了将几种不同的事物交汇融合,融为一体。所以融合发展是一种理念,是一种策略;是为了赢得社会发展的双赢或多赢的局面。

1. 体育非物质文化遗产与医疗卫生的融合发展

体育非物质文化遗产与医疗卫生的融合发展,需要从以下两个方面去理解。一是如何在"大健康"理念下发挥体育非物质文化遗产在全民健康活动中的作用。"大健康"概念是一种全局理念,它是根据时代发展趋势、结合社会需求以及人类疾病状况的改变而提出的一种崭新的健康观。人的健康问题,无不与人的衣食住行,与人的生老病死有着密切的关联。但是在现代社会条件下,不仅表现为影响人类健康的危险因素多,而且表现为影响人类健康的认识误区也多。为此,积极提倡对人的生命过程的全面呵护,积极提倡人类健康的自我管理,是大健康概念出台的社会依据。所以"大健康"概念既是生物属性的"大健康",也是社会属性"大健康"。因为它所追求的不仅包括个体的生理健康,而且包括个体的精神与心理健康,还包括环境的、社会的、道德的健康。因此它所提倡的既有科学的健康生活,也有正确的健康消费观。其涉及的学科范围与种类,社会服务与信息,劳动产品与活动行为,无不都是广而泛、大而多。但是,从建立在"大健康"概念基础上的产业区分看,无论是从人的生、老、病、死这四个不同阶段着眼的"养老",还是从"大健康"业态不同维度进行划分的"养生",体育非物质文化遗产无疑都应该是其中重要的内容。二是有些体育非物质文化遗产项目本身就具有直接为慢性病治疗服务的功能,诸如流传在江苏省地区的太极拳运动、养生气功运动等。

2. 体育非物质文化遗产与旅游事业的融合发展

体育非物质文化遗产与旅游事业的融合发展首先表现为体育非物质文化遗产可以丰富旅游内容，增加旅游文化内涵。中国的旅游事业方兴未艾。中国经济社会的不断发展和人民生活水平的不断提高，使现代中国人对生活质量的要求也越来越高，其中外出旅游已成为人们生活中的一种日常消费需求，出现了跟团游、自由行、周边游、自驾游、定制游等多种形式。因此无论在旅游目的地还是在具体的旅游景点，尽可能地增加一些体育非物质文化遗产项目的内容，不管是供游客观赏还是供游客体验，都是通过地方传统体育特色文化内容的展示以吸引更多的旅游者。其次表现为旅游可以促进体育非物质文化遗产的社会推广和传播。游客在旅游目的地所看到的风景、所吃到的美食、所感受到的文化等一切美好的旅游回忆，都会随着游客的回归而在客源地得到传播与进一步的放大。如果在旅游过程中，曾有过体育非物质文化遗产项目的观赏，带给游客以巨大的视觉冲击；或曾有过体育非物质文化遗产项目的体验，带给游客以深刻的身体感受和感觉，那么，旅游地的体育非物质文化遗产项目也会随着众多游客的回归各地而传向祖国的四面八方。

3. 体育非物质文化遗产与文化创意的融合发展

文化创意产业是当代社会出现的一种以创造力为核心的新兴产业，它是在经济全球化背景下产生的新型文化行业。其产业形式是将一种主体文化或结合某种文化因素，依靠个人或团队进行以知识产权为根本的产业化方式开发和营销。文化创意产业主要是通过技术手段和创意而取得知识产权进行市场开发与营销。因此，文化创意产业主要是创意概念，针对文化、知识形成完整的产业。在中国非物质文化遗产的文化创意方面，目前故宫博物院走在了前列，他们成立了故宫文化创意研究所，在具体工作中实现产、学、研一体化的良性循环，把研究成果应用在故宫文化创意产业发展的实践工作中，进一步推进实践的可持续性发展，为故宫博物院创造更多的社会效益和经济效益，用成功的实践成果，影响更多的博物馆和文化机构与社会产业融合发展，为促进国家的文化创意产业发展作出应有的贡献。故宫文化创意产业为非物质文化遗产文化的传播推广发挥了非常积极的示范作用，也为我们讨论体育非物质文化遗产如何更好地与文化创意融合发展提供了重要思路。首先我们应该看到，体育非物质文化遗产能够为相关的文化创意产业拓宽发展道路。比如，一方面可以直接地选择一些广为民众欢迎和认可的体育非物质文化遗产项目做成动漫，为动漫产业提供新的创作内容；另一方面，也可以在已有的文化创意作品中增加体育非物质文化遗产的文化元素，从而为文创产品拓展更广泛的营销市场。如，将太极拳套路或养生功法做成太极拳扑克牌、养生功法扑克牌，或在折扇、雨伞上绘有地域特色的舞龙舞狮或龙舟竞渡一类的体育非物质文化遗产项目图案等，以推动文化创意产业的发展，同时也为体育非物质文化遗产能有更广泛的社会传播提供重要平台。其次，借助文化创意也能更好地发展体育非物质文化遗产产业。就体育非物质文化遗产而言，它的重要特色和主体是面向大众健身娱乐的身体活动，因而无论是产品的生产还是产品的营销，均与其他非物质文化遗产文化产品有很大的不同，不仅产业面不宽，而且市场占有率也不高。为此，借助文化创意产业发展的东风，加大对体育非物质文化遗产文化创意的研究、投入、开发，具有重要的社会现实意义。如今在体育非物质文化遗产产业市场的开拓方面，做得比较多也比较好的依然是依靠节庆旅游或社会培训来进行体育非物质文化遗产的传承和传播。未来，如何能探索出体育非物质文化遗产产业发展的创新道路，是工业文明社会发展条件下面临的挑战。

总之，体育非物质文化遗产与其他文化的融合发展，是体育非物质文化遗产活态传承中新的社会命题。我们不仅要注意更新观念，而且要坚持不断探索新的发展路径。其中主要包括体育非物质文化遗产生产性保护的不断探索与创新，体育非物质文化遗产展示平台搭建与利用的不断探索与创新，体育非物质文化遗产产品流通渠道拓宽的不断探索与创新，以及体育非物质文化遗产各种应用模式的不断探索与创新等。

第四节

江苏体育非物质文化遗产社会传播机制及其运行

在两个相互独立的系统之间,运用一定的途径或通过一定的媒介,进行有目的的信息传递活动就是传播。体育非物质文化遗产的社会传播是指体育非物质文化遗产社会信息的传递或体育非物质文化遗产社会信息系统的运行。它是一种体育非物质文化遗产的信息共享活动。传播和受众双方,有着共通的意义空间,即表现为一种双向的社会互动行为。体育非物质文化遗产的社会传播既在一定社会关系中进行,同时又体现着一定的社会关系。由此可见,体育非物质文化遗产的社会传播既是一种行为,也是一种过程,还是一种系统。

一 体育非物质文化遗产社会传播行为

体育非物质文化遗产社会传播行为,是个人与个人、个人与集体、集体与集体之间,通过一定意义的符号所进行的信息传递、接受与反馈的行为,是一种具有社会性传递信息的行为。其行为程序中有三个基本环节:首先,信息生产者将信息传出,变成信息消费者能够看(或听)得懂的语言或图像、文字;然后,信息消费者把信息转化为自己所能理解的东西进行消化;最后,信息消费者将对信息的反应再传递给信息生产者,形成反馈。

1. 体育非物质文化遗产社会传播中的信息传递行为

信息传递是现代化管理的基本要求,它是信息在组织内部的传递,也是信息在物理位置上的移动。体育非物质文化遗产社会传播中的信息传递,主要通过文字、语言、图像、电码等传播渠道。以信息传递的方向划分,有单向传递、相向传递和反馈传递三种。由信息的发出者将信息传递给信息的需要者,以直接满足需要者的要求,被称之为单向传递;如果是信息接收者和信息的传递者都向对方发出信息,共同参与了其传递过程,则被称之为相向传递;反馈传递,则是传递者根据接收者意见,再针对性选择信息进行反馈传递。以信息传递的方式划分,有口头传递、文书传递、电讯传递三种。口头传递通常用于传递者与接收者距离较近,信息内容也相对比较简单,其优点是传递方式快,缺点是接收者储存信息难;文书传递是信息传递中最常用的手段,既可以避免信息失真,又可以长距离多轮次传递,且便于利用和存储;电讯传递不仅速度快而且覆盖面广,是目前最先进也是最广泛运用的传递手段,其中包括广播、电视和网络等。

2. 体育非物质文化遗产社会传播中的信息接受行为

首先,从行为动因看,具有信息需求,是产生信息接受行为的内部动因。在人类社会活动中,无不存在有接受信息的需求,而且,这种需求既有多种层次也表现出多种多样。诸如,既有生存层面的信息需求,也有发展层面的信息需求;既有生理层面的信息需求,也有心理层面的信息需求等。所以对于人类来说,信息接受具有必要性。一方面,人要正常生活,就必须和环境保持平衡,包括信息平衡。如果信息不足或超载,都会破坏信息平衡,给机体带来不良影响[①]。另一方面,信息是人类的思维材料,没有信息接受,人类的思维活动就无法进行。信息接受行为的外部动因则表现为:一是外在要求唤起了主体内在的信息需要(客观需要),进而产生信息接受行为;二是外在要求诱使主体产生了新的信息需要(主观需要),因此开展信息接受行为[②]。其次,从体育非物质文化遗产社会传播中受众者的信息接受行为过程看,应该是一种主客体图式之间的双重构建过程,即主体的"认知图式"与对象信息的"图式"发生接触并相互作用、相互构建的过程[③]。

3. 体育非物质文化遗产社会传播中的信息反馈行为

系统在将信息输送出去后又将作用的结果返送回来,这就是信息反馈。但是信息反馈的作用还表现在接受反馈后会对信息的再次输出发生影响且起到一定的制约作用,从而达到信息输送的预期目标。在体育非物质文化遗产社会传播中,其信息反馈具有针对性、及时性和连续性的特点。其中的针对性,是强调信息反馈不是一种被动式反映,而是表现为主动收集反馈资料且注意与一般

---

① 彭聃龄. 普通心理学[M]. 2版. 北京:北京师范大学出版社,2001.
② 姚学刚. 人类信息接受行为的动因、过程及影响因素研究[D]. 北京:北京大学,2008:33.
③ 姚学刚. 人类信息接受行为的动因、过程及影响因素研究[D]. 北京:北京大学,2008:54.

反映的情况相区分,从而表现出很强的针对性;及时性,是指信息工作特别讲究时效,而信息反馈更要求及时迅速,以便问题能够早发现、早调整,从而再次输出新信息;连续性,是指对信息的输出活动情况要能够连续不断地且有层次区分的反馈活动,以便于对认识的深化。在体育非物质文化遗产社会传播中,其信息反馈行为有着基本的要求和规范:第一是信息的反馈,要准确、要真实;第二是信息反馈的时间,要尽量缩短,要快;第三是信息反馈的面要广,做到多信息反馈,方法要多,做到多渠道反馈。

二 体育非物质文化遗产社会传播过程

体育非物质文化遗产社会传播过程,是指具备体育非物质文化遗产社会传播活动得以成立的基本要素的过程。研究体育非物质文化遗产社会传播过程最常见的视角是依据历时性考察和共时性考察。所谓历时性考察,主要考察一个系统发展的过去、现在和将来的历史性变化情况;所谓共时性考察,主要是考察一个系统在某一特定时刻其内部各因素之间的关系。

1. 体育非物质文化遗产社会传播过程的要素

体育非物质文化遗产社会传播过程的要素,大致包括五个方面,即传播者、受众者、讯息、媒介和反馈。其中体育非物质文化遗产项目代表性传承人或传播人是谓传播者,也称信源。其所指是作为传播行为的引发者,即以发出讯息的方式,主动作用于他人。在体育非物质文化遗产社会传播中,传播者既可以是个体,也可以是群体,抑或有组织的专门团队。

受众者,也称信宿,它是讯息的接收者或反映者。其主要由体育非物质文化遗产爱好者所组成,他们是传播者,即体育非物质文化遗产传承人所作用的对象。需要注意的是,受众者并不意味着在传播过程中只是一种被动的存在,恰恰相反,他们的行为表现经常可以通过反馈活动来影响传播者。受众者同样可以是个人,也可以是群体,抑或有组织的专门团队。

由一组相互关联的有意义的符号所组成的且能够表达某种完整意义的信息,被称为讯息。体育非物质文化遗产的讯息,主要是那些通过各种身体运动形式而呈现的多种动作符号和身体语言信息,它是传播者和受众者之间社会互动的介质。即通过讯息可以使两者之间发生具有身体文化意义的交换,从而达到互动的目的。

媒介,也被理解为传播渠道或信道以及传播手段或工具。媒介是将传播过程中的各种因素相互连接起来的重要纽带,被称之为讯息的搬运工。在现实社会生活中,媒介的表现也是多种多样。如,反映在体育非物质文化遗产传播中的大众传播系统、互联网络系统、电视录像与现场展示等。

反馈,主要是指受众者在接收到讯息后所做出的一种反应或回应,也是受众者对传播者的一种反作用。在传播理论上,获得反馈讯息,应该是传播者的重要意图和目的;发出反馈讯息,则应该是受众者的一种能动性的体现。反馈是传播过程中不可或缺的要素,同时也是能够体现社会传播的双向性和互动性的重要机制。反馈的速度和质量,一般由媒介渠道的性质所决定。

2. 体育非物质文化遗产社会传播过程的两个模式

(1) 直线模式。直线模式包括"5W"传播模式和香农-韦弗模式。"5W"传播模式是由谁(Who)、说什么(Says what)、通过什么渠道(In which channel)、对谁说(To whom)、获得什么效果(With what effect)等问题链构成。香农-韦弗模式则是一种直线性单向过程,其基本走向是信息源→发射器→信道→接收器→信息接受者→噪声。

(2) 循环互动模式。循环互动模式是由大众传播过程模式和互动过程模式所构成的。其中大众传播过程模式中的传播过程的双方,分别是大众传播和受众,他们两者之间存在着传达与反馈的关系。互动过程模式,也称"大众传播双循环模式",它的特点是在闭路循环传播系统中,受众者一方面是讯息的接收者,同时也是讯息的传达者。而其中的噪声因素,则通常出现在传播过程中的各个环节。

3. 体育非物质文化遗产社会传播过程的三个特点

体育非物质文化遗产社会传播过程的第一个特点是传播过程具有动态性。动态性特点有形式上表现和实质上表现的区分。在形式上,它所表现的是一些有意义的符号组合(讯息),能够在特定渠道中进行正常流动;在实质上,它所表现出的则是传播者与受众者双方关于传播内容的有意义双向互动,并表现出作用与反作用。

体育非物质文化遗产社会传播过程的第二个特点是传播过程具有序列性。

序列性特点在传播过程中的表现反映在两个方面。一是表现为传播过程各个环节和因素的作用,各有先后次序;二是表现为传播过程通常按照讯息的流向依次执行功能。

体育非物质文化遗产社会传播过程的第三个特点是传播过程具有结构性。结构是指传播过程中各要素、各环节之间的相互关系,这被理解为总体结构。同时除总体结构以外,传播过程中的各环节或各要素自身又同时有着各自的深层结构关系。此外,这种传播过程的结构特点,也包括了时间上的先后次序和形态上的链式结构。

三 体育非物质文化遗产社会传播系统

体育非物质文化遗产社会传播系统,即体育非物质文化遗产的大众传播过程,实际都表现为一定系统的活动,而多重结构则是体育非物质文化遗产社会传播系统的本质特征。如果将这种特征用结构模型来显示,即会体现出以下研究内容:第一,从事体育非物质文化遗产社会传播的双方,包括传承人和受众者实际就是一个个体系统。在这些个体系统内,各有自己的内在活动,这可以被理解为是一种"人内传播"。第二,甲个体系统与乙个体系统以及其他个体系统之间,可以相互连接从而形成"人际传播"。第三,就个体系统而言,它并不是孤立的存在,而是分属于不同的群体系统,由此,它又形成了"群体传播"。第四,即使是群体系统,它的运行实际上又从属于更大的社会结构和总体社会系统之中。因此群体系统又必然与社会的政治、经济、文化、意识形态等大环境保持着相互联系与相互作用的关系。

由上可见,体育非物质文化遗产社会传播系统的各种类型,无论是微观的、宏观的,还是中观的,各种系统都保持着各自既有的相对独立性,同时它们又会与其他系统之间发生普遍的联系与相互作用。体育非物质文化遗产社会传播的每一种活动或者是每一个过程,不仅要遭受其内部机制运行的制约,而且还会受到各种外部环境和条件的广泛影响。因此,正是这种传播过程的结构多重性和联系的广泛性,才使得体育非物质文化遗产社会传播过程表现为一个复杂而有机的综合运行系统。

第五章

乡村振兴背景下江苏体育非物质文化遗产活态传承的路径

一 优化文化生态环境，实现整体性保护

1. 建设体育非物质文化遗产文化生态角

良好的生态环境是确保体育非物质文化遗产活态传承的重要基础。从江苏省的实际情况出发，可以考虑将那些社会影响较大的省市级以上体育非物质文化遗产项目，设立专门的生态保护区（或角）。因为任何一项体育非物质文化遗产在其项目产生与发展的过程中，总是与其特定的地理环境、历史文化传统、经济条件等综合环境因素有关，这也就是通常所说的乡村文化地理特色。以2007年12月入选连云港市第一批非物质文化遗产名录汪其魔杂技魔术为例，这项流传在江苏省灌南县的有着浓郁地方特色的体育表演形式，是中国大地杂技魔术上一颗璀璨的明珠。灌南县地处北温带，气候温和，年降雨量适中，四季分明，冬夏两季长，春秋两季短。处在我国中部地区的灌南杂技魔术兼有北方杂技魔术"刚"与南方杂技魔术"柔"的特点。在灌南县，汪其魔杂技魔术已是家喻户晓。在传承人汪其魔精心管理与团内骨干的认真钻研下，汪其魔杂技魔术得到空前发展，创新节目不断涌现，节目类型也从中小型向中大型发展。汪其魔团队曾在全国各地展演，并多次应邀出国演出，与国内外同行切磋技艺。然而最值得称道的是在灌南县，几乎人人爱魔术杂技，魔术杂技是他们文化生活中必不可少的内容，全县有很多人都会玩上两手魔术或杂技绝活。田间地头，屋里院外，都是他们表演的场所，男女老少均有各自的拿手好戏。由此，自然可以考虑专门设置体育非物质文化遗产文化传承的生态保护角。在保护角，可以通过志愿者形式负责活态传承的组织运营、推广培训、社会展演等。保护角可归口于民间体育协会进行管理。

例如，苏州市的江南船拳，目前就是以吴中区越溪街道为保护角。越溪东依京杭大运河，南临东太湖，其独特的水乡地理环境，使这里的船拳活动不仅有着漫长的历史渊源，而且在民众中极为普及并广受欢迎。每年的农历八月十八，在苏州城外的越溪石湖，船拳活动都特别兴盛。即如近代史上的苏州著名诗人卫顾德(1866—1951)《恕庵石湖棹歌》中所吟诵的："村儿学得好拳枪，结伴开船护进香，趁此堪将身手献，三桥环绕有名扬。"据说每年的农历八月十八这一天，越溪及其周边方圆百里的乡人，各自摇着经过装饰后的大小船只，向石湖

的杏春桥下汇集,形成一幅独特的体育娱乐画面。只见拳船上,标旗飘展、锣鼓喧天;湖面上,轻舟快橹、往来如飞;岸边上,人流如织、熙熙攘攘;店铺里,商品奖品、琳琅满目。一切为这一天的船拳活动而准备,人人对这一天的船拳活动而神往。

由上可见,体育非物质文化遗产的活态传承,如果能在有条件地区有意识地设立有关体育非物质文化遗产项目的活态传承生态保护区(或角),使体育非物质文化遗产在整个文化生态保护的大环境中得到更多的关注和更好的整体性保护,是具有一定的积极作用和现实意义的。生态保护角的设立原则上需要考虑以下三个要素:其一,项目在保护角有着较为深厚的历史文化基础;其二,项目在保护角内有着较广泛的群众基础,受群众普遍欢迎;其三,所设立的项目生态保护角,已经产生了一定的社会影响力,能够对项目推广起到更好的辐射和带动作用。当然,在政策支持方面是否还可以考虑:第一,生态保护角原则上一个大城市只设立一到两个,每年可以得到体育主管部门一定的经费资助;第二,生态保护角应坚持基层社区或民间组织自主申请,同时得到体育主管部门审查批准;第三,生态保护角不是永久称号,而是每三年到五年则重新申请和审批,以引发更多的基层社区或民间组织相互竞争,促进体育非物质文化遗产活态传承的持续健康发展。

2. 构建特色乡村体育文化空间

在江苏省,早在2003年就提出了"构建特色乡村体育文化空间",当时一般称之为"特色体育乡镇"建设。提出这一问题的背景是,江苏省委于2003年8月做出了《关于学习贯彻"三个代表"重要思想,努力实现"两个率先"的决定》,其中特别要求发展基础较好的苏南地区,能够走在全省"两个率先"的发展前列,到2007年率先完成江苏省"全面建设小康社会"的指标任务,到2020年率先基本实现现代化。由此,在江苏省率先实现体育现代化也就成为必然的要求。结合这一背景,在实现"两个率先"的先行试验地区苏州,提出了"建设特色体育乡镇",这是对"构建特色乡村体育文化空间"的最早探索。在当时,苏州市的特色乡镇体育建设分两批共有16个乡镇获得命名。通过"特色体育乡镇"的建设,不仅很好地丰富了农民的体育文化生活,而且促进了乡镇经济的发展。在16个被命名的"特色体育乡镇"中,2002年农民人均纯收入已超过5 100元,其中有50%以上的乡镇人均纯收入超过6 000元。特别是被命名为"足球特色乡镇"的张家港市西张镇,和"举重特色乡镇"的昆山市花桥镇,当时的农民人均纯收入已经达到了近7 000元人民币,甚至超过了当时非常发达的广州市农民人均纯收入。在外向型经济发展方面,被命名的16个特色体育乡镇共利用外资6.58亿美元,在苏州全市各乡镇中均名列前茅[①]。

受以上发展思路的启发,体育非物质文化遗产的活态传承,同样面临着一个构建特色乡村体育文化空间的问题。一是可以考虑将发展前景较好或社会发展影响较大的体育非物质文化遗产项目,直接以该项目名称命名特色乡镇。如在苏州已经命名的16个特色体育乡镇中,就有被命名为"龙舟特色乡镇"的常熟市练塘镇;被命名为"中国象棋特色乡镇"的太仓市浏家港镇,苏州市吴中区长桥镇、甪直镇;被命名为"武术特色乡镇"的太仓市沙溪镇、城厢镇,张家港市后塍镇等。在现有的江苏省体育非物质文化遗产项目中,如南京市江宁区的秣陵街道,是否可以以"麻雀蹦"(又名方山大鼓)作为特色体育乡镇来建设;在镇江市丹阳区的珥陵镇,是否可以以"花毽"作为特色体育乡镇来建设等,都是可以继续探讨的问题。二是可以考虑依托已有的特色体育乡镇建设成果,将体育非物质文化遗产作为新增加的重要内容糅合在其中,以共同发展。这是因为体育非物质文化遗产是世代乡村建设中不断积累的重要农耕文明成果,是根植于乡村千百年来变化、进步与发展的重要历史文化遗产。在乡村振兴的背景下,将体育非物质文化遗产融入新时代乡村振兴的建设体系中,可以更好地服务于现代社会的发展需要,不断满足人们日益增长的体育文化需求。总之,在推动农村全面进步、农民全面发展中,注意对体育非物质文化遗产的活态传承与保护,有着极大的现实意义和促进作用。

二 落实归口管理,给予特殊政策和制度倾斜

1. 落实归口管理

乡村振兴战略,是社会主义建设新时期国家全面建成小康社会和实现现代化目标的重大历史任务,是新时代"三农"工作的总抓手。体育非物质文化遗产文化的传承与保护,属于农村公共文化建设的范畴。在中国农村,过去长期遭

---

① 罗时铭.苏州体育史[M].上海:文汇出版社,2017.

第五章 乡村振兴背景下江苏体育非物质文化遗产活态传承的路径

受封建落后的思想影响,出现了许多"散懒"的社会问题,集中表现在由于缺乏有效的组织带动和联结,使农民缺少凝聚力和向心力;由于缺乏有效的组织带动和联结,使农民缺少情感纽带、利益纽带和互助纽带。因此在乡村振兴战略实施中,坚持和创新乡村治理不仅要加强基层党组织的战斗堡垒作用、加强社会主义法治原则、加强民族团结与政治经济民主政策,而且要加强乡村本土的文化传统建设,以强化区域内的文化认同感,提高乡村振兴中的民众凝聚力和向心力。其中,重视对本地区体育非物质文化遗产的挖掘整理与传承发展,无疑能强化乡村社区居民的文化认同,促进乡村振兴工作。

但是在体育非物质文化遗产传承保护过程中,有一个非常现实的问题需要解决,即归口管理的问题。在我国,体育非物质文化遗产主要属于文化部门管理的范围,例如,从项目的申报到非物质文化遗产传承人的认定等,都是文化部门的事。而体育非物质文化遗产的技艺技能与其他普通非物质文化遗产的技艺技能又有着一定的差别,通常它很少产生直接满足市场需求的物质效益,体育非物质文化遗产产品提供给社会消费的更多表现出是一种公共文化产品消费。所以它应该属于乡村振兴中的公共文化建设,是一种公共文化服务,而且主要是面向大众的娱乐服务或面向大众的健身服务。因此,一旦列入非物质文化遗产保护名单后,事实上它应该与体育管理的部门联系更多也更紧密。然而现实中的状况是由于它的前期工作主要由文化部门负责,导致体育管理部门对他们的关注却很少,由此往往会陷入一个任由它自生自灭的尴尬境地,这是目前反映较为普遍的现象,也是特别需要我们警惕的问题。

因此我们的建议是,作为体育非物质文化遗产项目,一旦进入政府的非物质文化遗产保护名单,是否可以将其主要的管理工作归口到体育部门。因为在目前的国家体育总局司局级管理部门序列中,专门设有体育文化发展中心,他们的主要工作目标就是指导、协调全国体育文化工作,促进体育事业发展。其职责范围包括体育文化发展规划、计划和方针的政策研究;体育文物、档案和史料征集、整理、研究、管理与利用;相关体育文化宣传活动组织与交流等。而体育非物质文化遗产文化工作无疑属于他们的职责范围。在各省市体育局,都设有相应的体育文化管理机构。所以,作为已经被文化部门认定后的体育非物质文化遗产项目,应该考虑归口到体育部门的体育文化管理机构进行统一规范管理,同时给予他们更多的行政帮扶、技术指导乃至专项经费的支持等,以促进体育非物质文化遗产项目在各个层面有更好的传承与保护。

2. 给予体育非物质文化遗产传承人更多的特殊政策和照顾

提出这一问题的前提是,体育非物质文化遗产传承人与普通的非物质文化遗产传承人有着很大的不同,第一是技艺技能方面的不同;第二是产品性质的不同;第三是服务对象的不同。

(1) 技艺技能方面的不同。这里强调的是与普通的非物质文化遗产传承人不同,体育非物质文化遗产文化传承人的技艺技能一定是建立在身体运动的基础上,是在运动条件下表现出的技艺技能。这就决定了这种技艺技能是通过训练而形成的有法则的操作活动方式,是有效地掌握和控制人体运动过程并从中获得运动健康效益的一种专门能力。人体运动过程中技艺技能的形成,在生理学上要经历人体机能从泛化到分化,再从分化到自动化的不同阶段,这也是一个从粗浅到熟练的渐进过程。而在这一过程中,各个阶段又都是前后相应、紧密联系的,是在运动条件反射形成过程中逐渐过渡的。其表现了一定的独特性,是一种特殊的体育技艺技能。如果按照技能所涉及的人体肌肉与动作幅度的大小来划分,体育技艺技能表现出的是大运动技能;如果按照动作的连贯性程度来划分,体育技艺技能既会表现出连续性技能,也会表现出非连续性技能。但不管怎样,体育技艺技能是建立在身体运动的基础上,因而站在体育非物质文化遗产传承人的角度来看待,它与普通非物质文化遗产传承人之间最大的不同是它特别强调传承人的身体条件和年龄限制。如果传承人身体条件下降了或者年龄太大了,其技艺技能的表现效果会受到极大影响。正是从这个意义上说,体育非物质文化遗产传承人需要有更多的特殊政策和照顾。

(2) 产品性质的不同。体育非物质文化遗产项目属于精神文化产品的范畴。强调体育非物质文化遗产的精神文化产品性质,主要是从体育非物质文化遗产的社会文化价值和功能来判断和考察。虽然所有非物质文化遗产文化都具有这样的总体功能,即能够满足人类生存、发展和享受的需求,体现了其功能与人类需要之间的关系。但体育非物质文化遗产文化产品却有着其自身的独特价值,首先表现在对人体健康的促进作用方面。例如,在生理价值方面表现出的健身功能、娱乐功能、医疗功能等;在心理价值方面表现出的教育教化功能、艺术审美功能、道德养成功能等。其次,体育非物质文化遗产的价值还体现在对社会发展的促进作用上。例如,它表现出的社会经济发展功能、服务社会政治功能,以及加强社会交往功能等。

(3) 服务对象的不同。首先表现在体育非物质文化遗产对个体的服务,即落实在身体锻炼的技艺技能上。例如,徐州的体育非物质文化遗产丰县石老道养生术,其服务对象主要是个体的身体健康。石老道名叫石永标,生于1880年,少年时即随父辈行走乡间行医。1985年105岁时被评为"全国百岁健康老人",其养生术以石老道膏药和推拿法见长。其中推拿有点、揉、推、拨、刺等手法。点法的作用在于检查气血闭阻和肌肉痉挛处,以开通闭塞,活血止痛;其手法有三指端点法、拇指端点法、屈拇指点法、屈食指点法。揉法的作用在于轻揉和缓以放松肌肉、消肿止痛、和胃健脾、活血化瘀;其手法有揉摩法、指揉法、掌揉法、揉捏法。推法的作用在于关节复位、行气止痛、温经活络、调和气血;其手法有拇指平推法、掌握推法、拳推法、肘推法。拨法的作用在于拟筋通络以剥离粘连、解痉镇痛、消散结聚、理盘整复;其手法有用拇指端或食指端或中指端拨,拨动的方向和频率则因人而异。刺法的作用在于通过放血以祛除邪气;其手法有挟持点刺法、结扎点刺法和直接点刺法。

其次表现在体育非物质文化遗产对群体的服务,即落实在集体娱乐的文化消费上。例如,在泰兴乡村民间流行,一种体育舞蹈活动叫泰兴花鼓,是国家级非物质文化遗产项目。由于其表演常常是"日以夜继",故又名"夜火灯"。泰兴花鼓是民间体育艺人谋生的手段,他们常常在沿河或村头乡里,或集场庙会卖艺,也到大户人家唱堂会,现在则成为体育文化下乡的重要娱乐节目。泰兴花鼓分别由三个曲调组成,即花鼓调、跨金索、倒花篮,有着浓郁的苏北民间小调的韵味。它的唱词用的是地方方言,朴实无华、通俗易懂,主要是一些祝福语,如国泰民安、风调雨顺、人寿年丰等。从泰兴花鼓的步伐动作看,不仅有"颠三步""四方步",而且还有较为复杂的"喜鹊登梅步"。其舞蹈时的动作幅度,大而灵活;情感表现,幽默风趣。身体动作则包括晃头挺脖、扭腰摆胯、膝屈脚颤等。泰兴花鼓既可单独表演,亦可多人参与,人们边跳边唱,热烈欢快。

最后表现在体育非物质文化遗产对社会的服务,即落实在区域的文化认同和民心的凝聚上。扎根于乡土文化基础的体育非物质文化遗产项目,是历史上乡村百姓共同拥有的美好精神家园。因此,在乡村振兴的背景下,体育非物质文化遗产项目通过走进社区可以获得更多的区域文化认同,动员更多的社会力量参与到体育非物质文化遗产的传承与保护事业中来。沛县武术是第一批江苏省非物质文化遗产项目。沛县境内广泛流传的武术门派众多,不仅有形意八卦、孙氏太极和梁派少林,而且有武当大洪拳、三晃膀大洪拳以及刘派梅花拳等,可谓群星璀璨。沛县武术参与者以沛县当地居民为主,外来拜师学艺为辅。沛县武术传承由家传逐渐演变为师传。在过去都是家族内传,不传外;随着时代的发展,开始对外传授,由师傅带领徒弟学习武术。现在的沛县武术传承,主要依靠沛县武术协会的理事单位和会员进行传承,各个门派均建立有自己的传承路径,各个门派传承发展的情况略有不同,传承的内容以现代竞技武术内容为主,尤其是在青少年的传承中,传承内容基本以参加比赛或表演的形式为主。被列为第二批江苏省非物质文化遗产项目的跳当当,是一种祭祀舞蹈形式的体育游戏,主要分布于南京市溧水区东屏镇原群力乡爱廉、爱民、凉蓬、堡星村及句容县郭庄、葛村等周边村落。跳当当的传承方式为村民之间的世代传承,每个村组建的当当队均由该村村民组成。例如,杨家边自然村全村约30余户,每户都需出一人,自备锣鼓参加当当队表演。这种形式不仅有利于体育非物质文化遗产项目的传承与发展,同时也强化了区域内村民的文化认同。近年来,在乡村振兴战略背景下,地方各级政府对乡村文化建设工作的重视程度在不断提升,很多地方都出现了其建筑风格各异和建设规模不一的乡村文化博物馆,让人们有机会通过一件件打下历史烙印的老物件,去亲近地触摸中国农村发展变化的"律动脉搏",去真切地感受中国农民崭新的现代生活理念与面貌。乡村博物馆不仅留住了人们的乡愁,也让更多人从中了解到中国农耕文明形成发展的历史过程。因此,利用已有的乡村博物馆资源,增加体育非物质文化遗产内容,同样可以使人们更好地抓住乡愁,强化乡土文化认同。

三 形成乡村品牌特色,助力乡村经济发展

所谓乡村振兴战略,说到底就是坚持农业农村的优先发展战略。它要按照产业兴旺、生态宜居、乡风文明、治理有效和生活富裕的目标要求,尽快建立和健全城乡融合发展的体制与机制以及一系列政策体系,以不断加快推进农村和农业的现代化发展。在这一过程中,乡村振兴不仅是塑形,也是铸魂。通过文明乡风、良好家风、淳朴民风的"三风"建设,焕发出中国乡村文明新气象。而传承和保护体育非物质文化遗产,正是乡村振兴战略中公共文化建设的重要内容,同时也是助力乡村经济可持续发展的重要动力。

第五章
乡村振兴背景下江苏体育非物质文化遗产活态传承的路径

在乡村振兴战略建设要避免同质化发展的条件下,传承和保护好体育非物质文化遗产,无疑就是在坚持自己的文化特色,形成乡村振兴中错位发展的良好格局。在江苏省泰州市溱潼古镇,每年四月都有溱潼会船的体育非物质文化遗产项目展示,吸引着数十万来自全国以及世界各地的游客前往观摩。溱潼会船在不断推动乡村经济持续发展和GDP不断增长与提高的同时,也为体育非物质文化遗产项目的活态传承提供了良好的发展思路,并提供了可资行动的示范。溱潼会船的发展,在客观上是得益于溱湖国家湿地公园,该公园是国家5A级旅游景区与度假胜地。但从主观上看,更应该被理解为是得益于当地政府十多年前就确立的"民俗体育+生态旅游"发展思路。他们广泛邀请国内研究地方民俗文化和民间体育的专家,专门对溱潼会船的历史文化进行论证和研究,并以此为基础,结合现代社会的发展要求,对溱潼会船这一民俗体育文化活动进行大刀阔斧的改造、保护与创新,从而使古老的溱潼会船文化在不断被注入新鲜血液的同时,亦不断地焕发出与时俱进的旺盛生命力[①]。

苏州市的"金鸡湖端午龙舟赛",一直发扬着苏州工业园区精神,破浪前行,推动社会主义文化繁荣兴盛,助力园区打造文化体育旅游融合发展的新高地。如,2019年"金鸡湖端午龙舟赛"有66支队伍1 348人参赛,其中外籍人士238人,分别来自巴拿马、威尼斯、加拿大、澳大利亚、英国、法国、瑞典、瑞士、芬兰、比利时、冰岛、德国等全球20多个国家和地区,占参赛队伍人员的18%。"金鸡湖端午龙舟赛"不仅为苏州工业园区创造了一定的经济价值,更重要的是使苏州市的体育非物质文化遗产龙舟文化有了走向世界、全球参与的重要平台。因此注意挖掘乡村中的体育"非物质文化遗产资源,提升乡土文化内涵,建设非物质文化遗产特色村镇"[②],在推动农村全面进步、农民全面发展中同样具有极大的促进作用。当体育非物质文化遗产能够走进千家万户,成为人民大众日常生活的一部分内容时,它就能更好地扎根于乡村、扎根于民间。

当然,同时要警惕的是,文化的现代开发与利用,必须遵循有限利用的原则,即以保护为主,同时适度合理开发。在乡村振兴的经济社会发展中,如果

---

① 刘云,卢兆振,江宇.关于溱潼会船民俗的流程、特点及功能的探究[J].南京体育学院学报(自然科学版),2015,14(1):144-147.

② 中共中央办公厅,国务院办公厅.关于印发《关于进一步加强非物质文化遗产保护工作的意见》[EB/OL].(2021-08-12)[2022-12-01]. http://www.gov.cn/gongbao/content/2021/content_5633447.htm.

盲目追求体育非物质文化遗产在经济利益上的最大化，滥用体育非物质文化遗产的品牌和影响力，不仅不能在乡村振兴的条件下很好地起到对体育非物质文化遗产的保护作用，反而会加速其生命力的消亡。因此从这一点说，地方政府需要更多地承担起监督保护的任务，把握适度原则，加强对体育非物质文化遗产项目经济效益开发的合理引导，而不是与商人一起加入追逐体育非物质文化遗产产业暴利的行列之中，把祖先留下的体育文化遗产当成摇钱树。

四 深入挖掘文化内涵，打造美丽乡愁记忆

体育非物质文化遗产源远流长、灿烂辉煌，积淀着中华民族体育精神最深沉的追求，有着中华民族体育精神独特的印记与标识。深入挖掘体育非物质文化遗产丰厚的文化内涵，使之树立起与五千年中华文明相匹配的文化自信和文化认同，以更好地保护、传承与弘扬体育非物质文化遗产，是进行体育非物质文化遗产活态传承的重要保障。

一是要有系统观念。挖掘体育非物质文化遗产的文化内涵不能只关照"某一项目、某一遗产"，要把体育非物质文化遗产作为一个完整的非物质文化遗产体系来进行发掘。古代蹴鞠也好，中华武术也好，龙舟竞渡也好，是它们共同构成了一个比较完整的体育非物质文化遗产文化体系，承载着弘扬传统体育文明道德、振奋中华民族体育精神的重要功能，也是培育和践行社会主义核心价值观和当代中华民族体育精神的有效载体。二是要有现代理念。挖掘体育非物质文化遗产的文化内涵，注意将其融入现代社会生活中，这是传承和弘扬体育非物质文化遗产的重要途径。丰富多彩的体育非物质文化遗产项目，不仅具有广泛的群众性和一定民俗的仪式感，展示出华夏儿女的优秀品质，而且还蕴含着中华民族特有的精神价值、思维方式、审美情趣和想象力，体现着中华民族的生命力和创造力。挖掘体育非物质文化遗产的文化内涵就是要把体育非物质文化遗产背后的文化基因、体育道德、价值观等挖掘出来。对中华民族来说，体育非物质文化遗产同样具有增强民族凝聚力、树立核心价值观、加深文化认同的重要作用，是华夏儿女集体的文化记忆。

党的十八大报告把"美丽中国"作为生态文明建设的宏伟目标；中央城镇化工作会议提出"依托现有山水脉络等独特风光，让城市融入大自然，让居民望得

第五章 乡村振兴背景下江苏体育非物质文化遗产活态传承的路径

见山、看得见水、记得住乡愁"①,这种国家性的导向为体育非物质文化遗产的活态传承与乡村振兴架起了桥梁。国家级非物质文化遗产项目骆山大龙起源于明代,距今已有400多年历史,是南京市溧水区和凤镇骆山村重要民俗文化活动之一。进入现代,舞龙活动与国家的命运息息相关,1946年的春节,村民们自发组织了一场舞龙盛会以庆祝抗日战争的胜利,这也是进入现代社会以来,骆山村组织的第一场舞龙活动。但自这之后的37年间,骆山大龙销声匿迹,直到1983年,人们生活水平大幅度改善,此项舞龙活动才再次兴起,随后又一度中断。进入21世纪后,随着骆山大龙被评为江苏省和国家级非物质文化遗产项目,其表演再一次走向公众视野,再也未中断过。2020年春节,中国中央电视台综合频道《新闻联播》专门报道了骆山村舞龙盛况。近年来,舞龙也成为维系年轻人和家乡的纽带,每到舞龙的日子,骆山村的年轻人不管身处何地,大都会回乡参与。

---

① 新华网.让城市融入大自然[EB/OL].(2015-08-11)[2022-12-28].http://www.xinhuanet.com/politics/2015-08/17/c_128134488.htm.

第六章

研究结论

一　乡村振兴与体育非物质文化遗产活态传承可以相互促进、共同发展

一方面,乡村振兴为体育非物质文化遗产的活态传承提供了重要的历史机遇。在乡村振兴战略的统筹谋划中,既要加强农村的经济建设、政治建设和生态文明建设,也要加强农村的社会建设和文化建设以及党的建设,这一发展过程无疑为体育非物质文化遗产的活态传承夯实了社会基础,提供了历史机遇,营造了良好的传承与发展环境。另一方面,体育非物质文化遗产的活态传承也为乡村振兴提供了发展动力。在乡村经济发展中,可以通过对体育非物质文化遗产项目的适当打造,从而逐渐形成体育非物质文化遗产的文化品牌,成为乡村经济振兴发展的一种特色。在乡村文化建设中,加强体育非物质文化遗产的活态传承,可以更好地弘扬乡村的优秀体育文化传统,强化人们的乡愁记忆;在乡村社会治理中,重视对本地区体育非物质文化遗产的挖掘整理与传承发展,能强化乡村社区居民的文化认同感,提高乡村振兴中的民众凝聚力和向心力。

二　体育非物质文化遗产活态传承需要厘清和处理好五种关系

近年来,随着一系列非物质文化遗产保护政策的出台,国家从各个层面都大力加强保护和传承中国体育非物质文化遗产,但在传承的过程中,我们还应清醒地认识到,需要厘清和处理好体育非物质文化遗产活态传承中的五种关系,即原生性与再生性关系;固化与活化的关系;传承人与普通大众的关系;地域民俗与现代生活方式的关系;以及文化品牌与产业市场化的关系。这些都是保证体育非物质文化遗产活态传承能够健康、持续进行的重要前提。

三　乡村振兴背景下江苏体育非物质文化遗产活态传承面临新的挑战

江苏体育非物质文化遗产的传承与保护已经取得了较大的成就,在遗产保护方面,文化体育部门重视对体育非物质文化遗产的挖掘整理,并形成了四级保护体系,且特别注意保护体育非物质文化遗产传承人;在传承推广方面,也已

经在学校推广和社会推广方面取得了不少成功经验。但是,在乡村振兴背景下,江苏体育非物质文化遗产的活态传承还面临着许多新的严峻的挑战,并主要集中在体育非物质文化遗产传承人年龄偏大、队伍断层现象严重;体育非物质文化遗产的社会宣传和展示不够;以及传承基地建设还比较薄弱和滞后等方面。

四 乡村振兴背景下江苏体育非物质文化遗产的活态传承需要在机制上有所突破

乡村振兴战略为江苏体育非物质文化遗产活态传承注入了新的活力,提供了新的机遇和挑战。为此,江苏体育非物质文化遗产活态传承还需要在相关机制上有所突破。一是文化生态全域保护机制上的突破,即在乡村振兴背景下怎样对一定历史和地域条件下形成的体育非物质文化遗产空间,能够做到一种全景化和全覆盖式的保护;二是文化市场适用机制上的突破,即如何通过文化市场的价格波动、市场主体的利益追求,以及市场供求关系变化等,适时调节体育非物质文化遗产市场的经济运行机制;三是政策保障机制上的突破,包括项目传承的政策保障、经费投入的政策保障,以及融合发展的政策保障等制度的创新与建设;四是社会传播机制上的突破,即如何重点凸显体育非物质文化遗产社会传播的信息共享和双向社会互动,以充分表达体育非物质文化遗产的社会传播是一种行为、一种过程、一种系统。

主要参考文献

[1] 费孝通.乡土中国[M].上海:上海人民出版社,2006.

[2] 孔祥智,等.乡村振兴的九个维度[M].广州:广东人民出版社,2018.

[3] 李平.中国体育非物质文化遗产:江苏卷[M].兰州:甘肃教育出版社,2018.

[4] 杨开道.中国乡约制度[M].北京:商务印书馆,2017.

[5] 王文章.非物质文化遗产概论[M].修订版.北京:教育科学出版社,2013.

[6] 唐颐.图解彭祖养生经:中国养生术之祖的健康秘诀[M].西安:陕西师范大学出版社,2009.

[7] 彭聃龄.普通心理学[M].北京:北京师范大学出版社,2001.

[8] 罗时铭.苏州体育史[M].上海:文汇出版社,2017:288.

[9] 闫文君.名人:传播符号学研究[M].成都:四川大学出版社,2018.

[10] 贺雪峰.大国之基:中国乡村振兴诸问题[M].北京:东方出版社,2019.

[11] 王文章.非物质文化遗产保护研究[M].北京:文化艺术出版社,2013.

[12] 崔乐泉.中国民族传统体育学[M].北京:科学出版社,2018.

[13] 林小美.吴越文化与民族体育文化融合研究[M].杭州:浙江大学出版社,2017.

[14] 贺雪峰.乡村治理的社会基础[M].北京:生活书店出版有限公司,2020.

[15] 陈淑姣,白秀轩.非物质文化遗产概论[M].北京:中国人民大学出版社,2016.

[16] 苏州市地方志编纂委员会办公室,苏州市政协文史委员会.苏州史志资料选辑 1998 年刊[M].苏州:吴县市文艺印刷厂,1998:101.

[17] 杨天宇.周礼译注[M].上海:上海古籍出版社,2004:678.

[18] 新华网"学习进行时"工作室.学习进行时:不忘初心 继续前进[M].北京:新华出版社,2017:26.

[19] 宁夏大学马克思主义学院"毛泽东思想和中国特色社会主义理论体系概论"课题组.大学生中国特色社会主义理论自信培育研究[M].宁夏:宁夏

人民教育出版社,2018:186.

[20] 王福君,安甜甜,曲丽秋.经济管理基础知识[M].北京:北京理工大学出版社,2015.

[21] 白晋湘,万义,龙佩林.中国特色社会主义新时代体育非物质文化遗产保护论纲[J].上海体育学院学报,2018,42(1):33-40.

[22] 崔家宝,周爱光,陈小蓉.我国体育非物质文化遗产活态传承影响因素及路径选择[J].体育科学,2019,39(4):12-22.

[23] 陈小蓉,陈斌宏,邓宏,等.我国体育非物质文化遗产资源数据库创建[J].北京体育大学学报,2017,40(10):127-134.

[24] 白晋湘,万义,白蓝.乡村振兴战略背景下村落体育非物质文化遗产保护的治理研究[J].北京体育大学学报,2018,41(10):1-7.

[25] 王程.江苏非物质体育文化遗产资源开发的产业化路径:以溱潼会船为例[J].南京体育学院学报(社会科学版),2011,25(4):48-50.

[26] 杨中皖,袁广锋,麻晨俊,等."国家—社会"关系中的民俗体育考察:来自骆山村"骆山大龙"的田野报告[J].体育与科学,2018,39(3):91-99.

[27] 唐芒果,孟涛.武术非物质文化遗产传承人生产性保护模式及其路径研究[J].南京体育学院学报(社会科学版),2016,30(5):13-18.

[28] 叶鹏,蔡宝忠.从"非物质文化遗产"的高度审视传统武术的保护问题[J].广州体育学院学报,2008(1):51-54.

[29] 顾海勇.非物质文化遗产"殷巷石锁"的传承与保护[J].成都体育学院学报,2012,38(7):57-59.

[30] 任海.乡村振兴战略与中国特色城乡体育融合发展[J].上海体育学院学报,2021,45(1):1-8.

[31] 崔瑾.乡村振兴视阈下非物质文化遗产的文化生态建设[J].文化产业,2020(32):107-109.

[32] 向云驹.再论"文化空间":关于非物质文化遗产若干哲学问题之二[J].民间文化论坛,2009(5):5-12.

[33] 崔新建.文化认同及其根源[J].北京师范大学学报(社会科学版),2004,(4):102-104.

[34] 康丽.实践困境、国际经验与新文化保守主义的行动哲学:关于乡村振兴与非物质文化遗产保护的思考[J].民俗研究,2020(1):13-18

[35] 麻国庆. 乡村振兴中文化主体性的多重面向[J]. 求索,2019(2):4-12.

[36] 孙建. 从非物质文化遗产视角看传统体育的活态传承:以舞龙、龙舟和风筝为例[J]. 南京体育学院学报(社会科学版),2013,27(6):18-23.

[37] 刘娟,钱道. 试论地方高校在"非物质文化遗产"保护、传承与创新中的作用:以徐州地区非物质文化遗产保护、传承与创新为例[J]. 徐州师范大学学报(哲学社会科学版),2012,38(4):105-109.

[38] 王海冬. 非物质文化遗产与民族精神弘扬:高校落实非物质文化遗产教学的思考[J]. 当代青年研究,2011(8):55-59.

[39] 王舜,程美超. 传统体育非物质文化遗产的传承与创新发展研究:基于习近平总书记关于文化遗产深刻论述的分析[J]. 体育与科学,2020,41(4):1-6.

[40] 梅娜,陈小娟. "抖音"短视频进行非物质文化遗产传播的模式研究[J]. 新闻前哨,2019(5):28-29.

[41] 张东徽,徐飞. 传统体育类非物质文化遗产保护现状调查研究:以江苏地区保护项目为例[J]. 体育科研,2017,38(1):48-51.

[42] Liu Y S, Li Y H. Revitalize the world's countryside[J]. Nature,2017,548(7667):275-277.

[43] Krawietz B. The sportification and heritagisation of traditional Turkish oil wrestling[J]. The International Journal of the History of Sport,2012,29(15):2145-2161.

[44] Vail P. Muay Thai: Inventing tradition for a national symbol[J]. SOJOURN Journal of Social Issues in Southeast Asia,2014,29(3):509.

[45] Marfia G, Roccetti M, Marcomini A, et al. Reframing haute couture handcraftship: How to preserve artisans' abilities with gesture recognition[C]// Proceedings of the 9th International Conference on Advances on Computer Entertainment. ACM,2012:437-444.

[46] 肖剑峰. 内劲一指禅助我战胜乙肝[J]. 气功,1994(2):68.

[47] 杨春霞. 略谈阳湖拳校本化建设与实施[J]. 体育世界(学术版),2010(12):89-90.

[48] 陈华文. 原生态文化与非物质文化遗产保护[J]. 山东社会科学,2010(9):24-30.

[49] 于翠兰,徐诚堂,刘斌瑞.全民健身视域下新型石锁器材的研制[J].南京体育学院学报(自然科学版),2017,16(3):153-156.

[50] 赵羲.乡村振兴中的文化生态建设[J].人民论坛,2019(8):134-135.

[51] 白晋湘,万义,龙佩林.中国特色社会主义新时代体育非物质文化遗产保护论纲[J].上海体育学院学报,2018(1):42.

[52] 刘春腊,龚娟,徐美,等.文化生态补偿的理论内涵及框架探究[J].经济地理,2019,39(9):12-16.

[53] 吕静,薄小钧."非遗"传承人保护政策的再思考[J].东南文化,2018(6):6-11.

[54] 何影.利益共享:和谐社会的必然要求[J].求实,2010(5):39-43.

[55] 刘云,卢兆振,江宇.关于溱潼会船民俗的流程、特点及功能的探究[J].南京体育学院学报(自然科学版),2015,14(1):144-147.

[56] 崔乐泉.2020年度传统体育、游艺与杂技类非物质文化遗产研究报告[J].中国非物质文化遗产,2021(3):65-83.

[57] 张建,张艳.乡村振兴背景下的民族民间体育文化传承[J].社科纵横,2021,36(3):145-149.

[58] 张智勇,金涛,孙文波.近年来我国体育非物质文化遗产研究现状与展望[J].浙江体育科学,2021,43(5):60-67.

[59] 陈华文.整体性保护:非物质文化遗产保护可持续的重要理念[N].中国文化报,2021-07-23(第3版).

[60] 薛浩.中华民族传统体育的文化溯源、演变形态与路径选择[J].体育文化导刊,2021(5):54-60.

[61] 吉凯.农村地区民俗类非遗项目保护的思考:石臼湖周边舞龙活动调研报告[J].改革与开放,2017(15):103-104.

[62] 李吉远,谢业雷."文化生态"视阈下传统武术的传承与保护[J].西安体育学院学报,2009,26(2):190-193.

[63] 章莉莉,刁秋宇.非物质文化遗产活态传承的生态建设[J].民族艺术研究,2021,34(3):124-129.

[64] 徐泉森.地方性拳种的非物质文化遗产保护研究:以重庆地区为例[J].福建体育科技,2015,34(2):7-9.

[65] 王军利,孟贵成.文化生态保护区内涵及制度机制研究[J].大众文艺,2021

(13):225-226.

[66] 李晖,黄先锋.乡村振兴背景下体育非物质文化遗产保护与传承困境研究[J].科技资讯,2021,19(7):231-233.

[67] 王厚雷,王竹影.体育非物质文化遗产研究综述与展望[J].首都体育学院学报,2017,29(2):132-136.

[68] 滕文生.东西方文明互学互鉴与构建人类命运共同体(上)[J].世界社会主义研究,2019,4(11):12-19.

[69] 郑丽,张勇.农村公共体育服务供给侧改革协同治理路径研究[J].沈阳体育学院学报,2016,35(3):19-23.

[70] 王程.江苏非物质体育文化遗产资源开发的产业化路径:以溱潼会船为例[J].南京体育学院学报(社会科学版),2011,25(4):48-50.

[71] 张丰,王辉,李平,等.文化自救:体育非物质文化遗产项目的传承路径[J].吉林体育学院学报,2017,33(3):92-95.

[72] 郑奥成,郑家鲲,王学彬.后疫情时代体育非物质文化遗产数字化传播的现实挑战与推进路向[J].广州体育学院学报,2021,41(1):57-61.

[73] 马冬雪,梁忠福.基于生态补偿的体育非物质文化遗产传承机制研究[J].河北师范大学学报(哲学社会科学版),2018,41(6):119-124.

[74] 李平,王辉,赵功群,等.基于传承人视角的体育非物质文化遗产项目传承研究[J].体育文化导刊,2017(4):70-75.

[75] 中共中央 国务院.乡村振兴战略规划(2018—2022年)[EB/OL].(2018-09-26)[2021-12-01].http://www.gov.cn/zhengce/2018-09/26/content_5325534.htm.

[76] 中共中央办公厅,国务院办公厅.关于印发《关于进一步加强非物质文化遗产保护工作的意见》[EB/OL].(2021-08-12)[2022-12-01].http://www.gov.cn/gongbao/content/2021/content_5633447.htm.

[77] 新华网.让城市融入大自然[EB/OL].(2015-08-17)[2021-11-12].http://www.xinhuanet.com/politics/2015-08/17/c_128134488.htm.

[78] 人民网.全国2767县通过国家教育基本均衡发展督导评估认定[EB/OL].[2020-05-19].http://www.moe.gov.cn/fbh/live/2020/51997/mtbd/202005/t20200520_456715.html.

[79] 中国经济网.文化认同是最深层次的认同[EB/OL].[2021-03-11].

http://www.ce.cn/xwzx/gnsz/gdxw/202103/11/t20210311_36372702.shtml.

[80] 荔枝网.苏州昆山陆家段龙舞舞出一段600年的传说与芳华[EB/OL]. (2018-01-28)[2022-03-15]. http://news.jstv.com/a/20180128/1517195381532.shtml.

[81] 乐居网无锡."长江经济带"全民健身大联动 无锡斩获石锁大赛两枚金牌[EB/OL].[2018-05-20]. https://baijiahao.baidu.com/s?id=16365541899281 50841&wfr=spider&for=pc.

[82] 央广网.陆家段龙舞穿越600年舞出"童趣小镇"精气神[EB/OL]. (2018-11-09)[2022-05-20]. http://js.cnr.cn/2011jsfw/rdcj/20181112/t20181112_524412099.shtm.

[83] 南通市教育局.市少年宫组织开展"我是南通娃"非物质文化遗产小传人社会实践活动 之"走近风筝艺术"亲子活动[EB/OL]. (2021-03-28)[2022-05-20]. http://www.nantong.gov.cn/ntsjyj/szdt/content/69808318-8803-41b3-b352-b01b55c22637.html.

[84] 中国江苏网.连云港十几年传承与保护,让濒危非物质文化遗产项目"活"起来[EB/OL]. (2018-11-08)[2022-06-10]. http://jsnews.jschina.com.cn/lyg/a/201811/t20181108_2027595.shtml.

[85] 宜兴网.猴棍渐起舞成势[EB/OL]. (2020-12-23)[2022-07-31]. http://www.tdcm.cn/2020/1223/291096.shtml.

[86] 中华人民共和国国务院公报.中华人民共和国文化和旅游部令第1号《国家级文化生态保护区管理办法》[EB/OL]. (2018-12-10)[2021-12-11]. http://www.gov.cn/gongbao/content/2020/content_5467515.htm.

[87] 江苏省人民代表大会常务委员会.苏州市非物质文化遗产保护条例[EB/OL]. (2013-11-21)[2021-12-11]. http://www.jsrd.gov.cn/zyfb/hygb/1205/201311/t20131121_76150.shtml.

[88] 江苏省财政厅.关于印发《江苏省非物质文化遗产保护专项资金使用管理办法》的通知[EB/OL]. (2018-10-25)[2021-12-11]. http://czt.jiangsu.gov.cn/art/2018/10/25/art_59280_7852508.html.

[89] 姚学刚.人类信息接受行为的动因、过程及影响因素研究[D].北京:北京大学,2008.

[90] 薛浩.自由与秩序:民间武术意义的建构——基于沛县武术的历史人类学考察[D].上海:上海体育学院,2020:217.

[91] 陈继辉.徐州地域文化对徐州武术的影响研究[D].北京:北京体育大学,2017:13.

[92] 张宗豪.江南船拳文化研究[D].苏州:苏州大学,2014:103-104.

[93] 高成强.传统武术流失现状与保护对策的研究[D].苏州:苏州大学,2008.

[94] 邱悦.江苏非物质文化遗产研学旅行产品开发研究[D].南京:东南大学,2017.

[95] 于宏亮.体育非物质文化遗产传承与高校特色体育教育体系构建探讨[C]//2014年第二届海峡两岸体育运动史学术研讨会论文集,2014:703.

[96] 苑利,顾军.无形文化遗产保护与我们所应秉承的原则[C]//中国非物质文化遗产保护研究(上).北京:北京师范大学出版社,2007:145.

[97] 章新胜.高等教育在人类非物质文化遗产传承保护事业中的使命与作用[C]//乔晓光.交流与协作:中国高等院校首届非物质文化遗产教育教学研讨会文集.北京:西苑出版社,2003:5.

[98] 顾祎程,张秋霞,阙巧生.内劲一指禅调息对姿势稳定性的影响[C]//第二十届全国运动生物力学学术交流大会论文摘要汇编,2018:191-192.

附录一

江南船拳江苏省级代表性非物质文化遗产传承人吴文祖访谈

周亚婷：我是2017年从苏州大学毕业，我看2017年10月份您正好离开原来的岗位(苏州市越溪实验小学副校长)。

吴文祖：哎，对，我是2016年离开越溪实验小学。

周亚婷：哦，2016年。

吴文祖：然后2017年到这个越溪街道(现为越溪街道社区教育中心负责人)。

周亚婷：其实您有三种身份：一个是苏州市江南船拳的代表性传承人，另外一个是校长的经历，现在是社区教育中心负责人。近年来，您在江南船拳的传承和传播上做了大量的工作，相关报道在学习强国、各大新闻报刊上都有刊登，您的三种身份，其实也是非物质文化遗产传承和传播的三种路径。您能不能谈谈这三种传播路径的利和弊？

吴文祖：那这个课题大了。我呢，总之一句话，就是说根据自己的优势，为江南船拳传播做一些事情。因为我跟普通学武人还不太一样，为什么呢？比如说我们考上大学的，特别是武术专业招生的这种小孩子，他是从小就有武术基础。那么像我们，说实话，小时候虽然学过，但中间一段时间也中断过，后面又拾起。在武术专业方面，我们是弱项。但我们也有自己的优势，就是我们思考得多一点，肩上的责任感可能会更多一点，毕竟江南船拳就是我们自己家乡的非物质文化遗产项目，我们一直生活在这个地方，当这个项目面临消失和濒临失传的时候，我们就会感觉你不去做一点事情就觉得对不起这个项目，这个是心里话，所以说这就是我觉得我可能比一般学武的人多这么几个特点。因此我现在就利用好自身的优势，在不同的岗位上，我肯定会思考得多一点。我能做的就是利用现有的资源，把它整合起来，整体地来推动这个项目的发展。我们同一般的武馆不同，武馆会招很多人，招很多徒弟。这个招收徒弟的情况，也体现在非物质文化遗产传承人的考核上，在考核中会被问及你现在带了多少徒弟，你的传承情况到底怎么样了，会用一种传统非物质文化遗产项目的考核标准来衡量你。但是呢，江南船拳也不同于其他类型的非物质文化遗产项目，我们是苏州市唯一的传统体育类省级非物质文化遗产，就是在我们江苏省省级非物质文化遗产项目当中，我们苏州市只有一个省级体育非物质文化遗产，就是江南船拳。那么这个唯一的一个项目要跟所有的项目用同一个标准来考核衡量，我觉得那也是不科学的，因为我们有自身的特点。这个特点有很多方面，我就举个例子说一个方面，这个项目单靠一个人的努力，他是绝对做不出来的。因为他本身就是民俗文化中的一部分，江南船拳的功能，从最早的军事用途转化进入民间民俗文化的项目，这个功能的转换就决定了

附录一

江南船拳江苏省级代表性非物质文化遗产传承人吴文祖访谈

这个项目不可能由一个人做。某一个拳种,即使我隐居深山,只要我找得到我的接班人,我就可以永远传下去。但我们这个项目不行,你即使人再多,没有人来组织,这个项目也有可能就没有了。

周亚婷: 所以我觉得您是开放的。

吴文祖: 嗯,这个谈不上,反正就是我的思维可能就考虑到这个项目的整体发展多一点。但是有的方面我们也是力不从心,也不是个人决定得了的,现在机遇还是比较多的。政府经常会有东风吹过来,看我们是不是准备好了。对吧,但是如果说这个单靠你个人,我想怎么样,是不可能的。所以我还是回到那句话,就是根据自身的特点做自己力所能及的事。

周亚婷: 所以您在自己从事的岗位上做了很多事情,在越溪实验小学,您将船拳引入课堂,并且编写校本教材《溪小拳影》。2020年江南船拳被国家体育总局评定为江苏省唯一的中华体育文化优秀项目。那么现在您到社区工作了,在船拳的传承和传播上又有哪些思路和设想呢?

吴文祖: 是的,前期的江南船拳这个项目是在学校里面搞的。实际上也搞到了基本上是接近天花板。这个在罗教授这个专家团队的指导下(苏州大学体育学院罗时铭教授、张宗豪教授),我们确实做了一些事情,也得到了大家的认可。但是呢,就是说这个项目如果要他有强劲的生命力,除了这种普及性的教育之外,还必须回到它的正途上,也就是他为什么在民间能够得以延续。这个不是说靠一个学校教育能解决的。他至少是有自己的一个生态,那么接下来我要做的这个事情可能就是要怎样建立起这个生态。

周亚婷: 是的,这就好比我们所说的非物质文化遗产生态文化建设问题,是能够把体育非物质文化遗产项目薪火相传的生态文化建设。

吴文祖: 现在这个生态,如果你没建好,说不定,我不做了,就是我没有这股热情了、或者身体原因或者其他原因不做了,可能第二个人、第三个人不一定能接得上。或者说某一个领导对这个项目很重视,如果他要走了,调离岗位了,说不定下任就不做了。所以说我们要做的事情就是建立一个生态,就像越溪实验小学,现在我离开了以后,这个项目照样能做下去,因为他已经形成了一套机制。

周亚婷: 是的,这个东西就能一直传承下去。

吴文祖: 对对对。

周亚婷: 出了一定的政策、机制,在体育非物质文化遗产传承方面,传承人也是至关重要的吧,包括在江南船拳走进课堂,也要有老师去教吧。那您到社区工作后,学校教学这块是如何安排的呢?

吴文祖:现在是这样的,就是这个师资啊,确实是一个问题,我们越溪小学原来从事江南船拳项目的老师,他也不是武术专业毕业的,他就是说有规定时间参加过学校的武术训练队,后来我们学校为了改变这个情况还请了一个外编的、有武术专业经历的老师来协助他。我感觉呢,师资力量还是需要进一步加强,否则这个项目发展会受限。一些非武术专业的老师,他们没有办法把自己掌握的东西转化成教学、传授给学生;而如果是武术专业的老师,他们马上就学会了,学会了以后马上就能教给学生,所以我在学校的时候,就一直建议我们学校能够招一些武术专业的老师,包括现在一些学校,像华师大附属苏州湾实验小学,在我们当地成为了一个比较好的、大家都愿意去的学校。这个学校今年就在招武术专业的老师,校长也非常重视这项工作。尤其是在双减政策过后,大家都认识到这个体育类的项目在学校教育当中的一个重要地位,所以这个方面的工作还是在加强。我觉得对这个非物质文化遗产项目的发展来说,机会还是有的,关键是我们要时刻做好准备,机会是留给有准备的人。但是呢,也有人跟我讲,因为越溪实验小学在船拳方面的知名度已经非常高了,那么有的学校从发展战略上考虑,就觉得我们已经无法超越你了,所以我们就要考虑一个其他项目。所以呢,我也在动一些脑筋,即在项目推广方面,如何可以在更大范围内得到推广。

周亚婷:是的,有些人考虑可能在这个项目上已经没有更大突破了,况且代表性传承人就在这,索性就换一个项目去搞。

吴文祖:是的,很现实的。他可能想把这个项目作为他的一个特色,太想把这个项目做好了,实际上这个项目可以成为学校所有项目的一个点,就可以了,因为这个点是填补你空白的一个点。因为江南船拳是非物质文化遗产项目当中唯一的一个体育项目,你如果能够把这个项目放进来,对于整个学校的发展,传统文化的传承都是非常有益的。况且现在讲究学生的全面发展,你把这个传统体育类的项目放进来,那肯定是对你的整个学校文化的一个填补空白,更完善。

周亚婷:是的,您有没有想过,可以形成一个学校联盟。

吴文祖:这个呢,我也想过,但是这个事情可能目前不是我的一个重点。为什么呢?因为我们还是有很多发展瓶颈的,我目前还是想先把这一块做起来。如果将来有机会搞联盟,那我有发言权。我始终觉得我虽然目前是唯一的一个体育类的省级非物质文化遗产传承人,在体育类的非物质文化遗产传承人里是

附录一

江南船拳江苏省级代表性非物质文化遗产传承人吴文祖访谈

级别最高的,也是唯一一个,但这并不能代表我们越溪这块在船拳项目发展的一个现状。目前,我们还没有固定的基地,也没有固定的一些人群,如果光靠我去做,并不能把我们苏州的这一块,就是我们越溪的这一块融合进大家庭,因为你个人的力量太小了。所以我就是要尽快把这个项目通过几年时间,至少说做一个雏形出来,然后在这个基础上大家相互交流,相互合作,推动这个项目的整体发展。这样做呢,可能对今后的发展有好处。联盟的这个事情现在我们做的是一个小联盟,什么小联盟呢,我们成立了一个吴中区的江南船拳研究会,这个研究会把我们当地的一些投入人力物力的单位吸纳进来,例如,越溪实验小学的校长夏静担任副会长、苏州市职业大学体育部主任王俪燕担任副会长。我们前面的传承和推广主要集中在学校,后面打算走社会化的道路。之前我们越溪街道没有一块像样的地方,现在越溪街道文体中心刚刚建起来,我们马上就举办了江南船拳暑期训练营,除了越溪小学船拳队小朋友参加以外,还有其他学校也一起来参与暑期夏令营,其中包括吴中经济技术开发区实验小学以及苏州湾实验小学的小朋友,他们最大的11周岁,最小的7周岁。今后如果这个活动办得好的话,我们可能会向周边继续招收小朋友来学习。在这个过程中,首先要保证越溪的孩子要来学,因为江南船拳是越溪的特色。如果越溪的孩子都不来学,你广泛地向社会招生,那这个也说不过去。我们当时就接到过苏州市的一位家长的电话,说吴老师,你们越溪有没有练船拳的培训班?

我说"怎么回事"?他说:"我想把我孩子送过来学船拳"。我就问他怎么想的?他说是现在外边学传统武术的太少了,学跆拳道的比较多。如果你们船拳开培训班,我们就送过来。我老早就得到这种信息,所以我知道社会上面的市场还是有,但是呢,我觉得目前还没有到这个阶段,有很多事情的发展不是我们个人所能改变的。所以说,这是一个事业,是一个长期的事业。我们有很多事情要按照这个程序一步一步走,不可能一口吃个胖子。

周亚婷: 那您现在发展船拳的重心是在学校还是社区呢?

吴文祖: 我现在的身份是社区教育中心负责人,今年苏州市有个立法专门为社区教育,为我们市民的终身学习立法。我上个月就是参加了我们苏州市人大组织的一个座谈会,对这个法案提意见和建议,我们觉得,接下来的社区教育有了这个法律依据以后会更加完善。我们社区教育的范围是贯穿人的终生,从小朋友到老年人,甚至胎教都包括在内。在这个相关法规政策的支持下,我们就可以把江南船拳这个项目做得更好。在这一基础上,我们还需要有一个面向社会化的船拳文化推广基地。一个是文化方面,比如说专题博物馆,还有一个就是训练场。如果博物馆和训练场能够固定下来,对于我们推动江南船拳的文化传承将会非常有益。因为江南船拳需要一个展示平台,如果外地的游客到这个地方来,除了文化的熏陶、船拳套路的培训,还应有一个文化的展示,如果这方面一起做的话,效果肯定更好。但是呢,你没有一个固定的场子,像我们现在办的这个培训班,文体中心不是我的场地。这个星期我一进到这个场地一看,桌子椅子都乱了,我们签到的这个笔都丢掉了,我们的横幅也被拿下来了。如果说我们的一些文化布置也被这样粗暴对待的话,那我们这个活动还怎么搞啊?多亏了我们及时发现,及时处理了,给小朋友一个比较舒适的环境来学习,所以有一个自己固定的地方很重要。实际上博物馆这一块,我们已经在做了,而且是苏州市第一家做的。这也是罗教授提醒的,说你要做文化推广的话,你首先要有自己的一个展馆。然后我们就在2011年的时候去操作的,做好方案给罗教授审核过。在2011年的时候,我们越溪实验小学就做了一个专题的文化展馆,这个在苏州市是第一家,后来他们其他两地(沙家浜、北桥)来参观过后,觉得非常有学习价值,所以回去以后也建了自己的展馆,但是我们是第一家。

周亚婷: 我去过您那。

吴文祖: 但是那一家呢,现在我感觉,因为我现在跳出学校呢,我感觉有它的局限性。

周亚婷: 是,它只能局限于学校。

吴文祖: 你外来游客怎么进去?因为这个疫情,你就根本没办法进去,没办法发挥它的作用,你把他搞得再精致也没用。

周亚婷: 还是要被看见,被看到。

吴文祖: 对对对,所以这一块最近我是做了点努力,但是做了努力以后也有挫折。因为地方虽然已经确定了,我也考虑了一套方案,但是后来因为一些情况,可能这个地方有更重要的任务,也就是说可能有更大的一个商业进去。但是后面的机会肯定是有的,因为领导还是觉得这个江南船拳是越溪的一张名片,这个展示馆还是要建的。还有我们文体中心正在建一个越溪文化展馆。越溪文化展馆展什么,他们来咨询我,我就对他们说,如果这个展馆里面江南船拳不占很大一部分的话,那真是太可惜了。为什么呢,因为这个项目是我们唯一的一个省级非物质文化遗产。我们区级非物质文化遗产都没有,如果船拳不能

江南船拳江苏省级代表性非物质文化遗产传承人吴文祖访谈

代表你越溪的传统文化,那还有什么项目能够代表呢。目前的准备工作我们还是在做,关键是要看这个时间点。

周亚婷:对,江南船拳其实能够结合很多文化去讲,我看您已经出版过一本书了(吴文祖编著《尚武江南的"船"说》,文汇出版社,2020年10月)。

吴文祖:实际上关于江南船拳的内容我到现在为止还在不断地寻找,在不断地研究当中。不是说这一本书结束了,就没有了,我们还是有惊喜发现。这本书是2020年10月份出来,9月份我还在找东西,还在往里增加内容。这本书出版后,1月份我又找到新东西。你如果作为有心人的话,还是能有一些新发现的。

周亚婷:是的,包括史料、档案等,其实都能够有一些发现,我看您还整理了拳谱。

吴文祖:现在特别是我进入到社区教育之后,除了开展自己的本职工作之外,我还会关注当地传统文化。我现在研究当地的传统文化已经成为我们这个地方的一个代表。只要我们这个街道、我们学校有这种文化方面的事情,都会来找我。我上个月还给我们吴中区民政局做一个审核地名的工作。其实我之前对这个方面也是一个小白,也是最近五年时间通过对船拳文化资料的挖掘,而有的意外收获。我们当时还有很多的文化需要当地的民众去了解,因为我们越溪是个小地方,但是文化底蕴深。所以说每当我的一些发现用这个公众号(越来溪边)发布出来的时候大家都非常感兴趣。你们这样就会推动我一直往前,一直往前走。所以在研究船拳的同时,我也会关注当地传统文化方面的研究。

周亚婷:对,还上了那个《非一般的课堂》,后面我感觉都可以直播带货了。其实我觉得这也是一种传承和传播路径,通过抖音、短视频这个平台,因为年轻人他就是喜欢这些东西。我看您之前还拍过纪录片。

吴文祖:这个方面我自己做得很少,我们苏州市电视台倒是拍了好多次,有一次2018年的时候。为了拍我的这个十分钟纪录片,他们花了3天的时间,一直跟着我3天时间。在个人宣传方面,我还是比较低调的,这样会更有利于把这个项目做好,因为这个项目不是我一个人的项目,我能够取得一些成绩,也是依托这个项目。我是靠这个项目,才有今天的发展,所以这也推动我想进一步把这个项目做好。我现在有一个很明显的跟其他的非物质文化遗产传承人不同的,就是有一些非物质文化遗产传承人是靠自己的项目生存下去养家糊口;

而我是拿国家工资的,我没有生存方面的压力,我可以闷头把一些基础性的工作做好。等做得差不多,有机遇的话,我会在更高的平台上面继续去推广。

附录图 1-1　访谈江南船拳省级代表性传承人吴文祖老师

附录图 1-2　研究团队与吴文祖老师合影

附录二

江苏省非物质文化遗产相关政策

关于推进非物质文化遗产与旅游深度融合发展的实施意见

推进非物质文化遗产（以下简称"非遗"）与旅游深度融合发展，对于加强非遗系统性保护、促进旅游业高质量发展、满足人民精神文化新需求具有重要意义。为深入贯彻习近平总书记关于文化传承发展、中华民族现代文明建设和非遗保护工作等重要论述精神，认真落实中共中央办公厅、国务院办公厅《关于进一步加强非物质文化遗产保护工作的意见》，按照文化和旅游部、省委省政府有关部署要求，现就推进我省非遗与旅游深度融合发展，提出如下实施意见。

一、总体要求

以习近平新时代中国特色社会主义思想为指导，坚定文化自信，坚持守正创新，扎实做好非遗系统性保护，推进非遗与旅游在更广范围、更深层次、更高水平上实现融合，推动中华优秀传统文化创造性转化、创新性发展，促进非遗长久保护和永续利用，更好满足人民群众对美好生活的新期待，努力在建设社会主义文化强省和中华民族现代文明中展现担当作为，为推动文旅高质量发展、谱写"强富美高"新江苏现代化建设新篇章贡献力量。

二、重点任务

1. 培育推荐非遗项目。加强非遗项目普查、挖掘、梳理，持续开展非遗项目评定，遴选的项目要体现中华优秀传统文化核心思想理念、传统美德、人文精神，为当地群众广泛认可。挖掘不同门类非遗蕴藏的价值与内涵，找准非遗与旅游融合发展的契合处、联结点，建立并向社会公布非遗与旅游融合发展推荐目录，推动非遗更好融入当代生活。

2. 发挥传统民俗文化特色。推动地方民俗文化与传统节日有机结合，挖掘民间文学的文化内涵、时代价值、社会功用，创新表达方式，更好展示地方历史文化。依省级非遗研究基地，围绕白蛇传、梁祝、董永等具有地方特色的传统故事，加强民间文学的研究、提炼与再创作，为传统戏剧、曲艺、传统音乐和传统舞蹈提供创作素材。拓展民间文学口头讲述和现代演绎方式，鼓励各地将"少儿说非遗""民间文学故事大赛"融入"非遗体验游""非遗研学游"等活动。支持各地在景区、景点举办节庆赛事活动,依托民俗类特色非遗项目,让游客体验当地风土人情,提升对中华优秀传统文化的认同感。

3. 搭建表演艺术展示平台。支持表演艺术类非遗项目搭载旅游空间和实体媒介实现多样化融合与推广,鼓励各地建设、用好大中小型戏曲园,面向游客开展传统戏剧、传统音乐、传统舞蹈、曲艺类非物质文化遗产项目展演、教学、培训等活动,传播非遗表演艺术,丰富群众文化生活。加大对表演艺术类非遗传承人培训力度,采取戏剧学校和院团联合培养方式,大力开展名师带徒活动,提高非遗传承人业务水平。探索非遗曲艺书场建设标准和扶持政策,支持地方戏曲项目进入旅游场所开展演出活动,扩大非遗社会影响力。

4. 推动传统工艺高质量发展。加强对传统工艺生产企业的扶持和引导,以老字号、名小吃为重点,推广具有地方特色的饮食类非物质文化遗产,通过举办"非遗美食节"等活动,让游客体验当地居民生活方式,体会中华民族顺应时节、尊重自然、利用自然的思想理念和独特智慧。支持省级非遗创意基地、非遗旅游体验基地以及无限定空间非遗进景区省级示范项目与旅游景区加强合作交流,积极开发非遗文创产品,丰富旅游商品内涵。举办江苏旅游文创商品大赛,遴选公布一批优质非遗旅游商品、纪念品。支持培育建设紫砂、刺绣、水晶等文化创意产业园以及传统工艺与旅游融合发展的集散地。

5. 探索康养体验新路径。支持将阳湖拳、太极拳、摞石锁、建湖杂技等传统体育、游艺与杂技纳入旅游体验。鼓励各地依托中医药、茶文化等非遗项目发展养生体验游、疗养康复游、科普教育游等项目,打造滨海、湿地、森林、乡村等"养心润肺"旅游产品,提升传统中医药养生新业态。支持建设一批具有代表性的生态旅游目的地和国家级、省级生态旅游示范区。

6. 拓展融合发展空间载体。鼓励在旅游景区、度假区、休闲街区、乡村旅游重点村镇、红色旅游经典景区、文化生态保护实验区和有条件的传统村落、古街古镇,建立非遗工坊、展示馆(厅)、传承体验所(点)、传承人工作室。支持地方在非遗与旅游融合发展推荐目录中选择合适的非遗项目进入旅游空间,积极引入适合本地文化生态的非遗项目,推进非遗和旅游资源共建共享。依托地方资源优势,打造一批以非遗产业、非遗旅游、非遗演艺为特色的集聚区。

7. 丰富非遗旅游产品供给。支持将非遗项目与乡村旅游、红色旅游、体育旅游等结合,举办各类非遗宣传展销活动。鼓励将非遗及相关元素有机融入机场、高铁站、高速公路服务区、游客服务中心等设施建设和配套服务。鼓励旅游民宿与非遗资源有效对接,建设一批展现中华优秀传统文化魅力的旅游民宿。支持旅行社等旅游企业围绕"一带一路"和大运河、长江国家文化公园建设,推出一批满足游客需求、具有鲜明非遗特色的旅游线路。利用 3D、VR、AR 等科技手段,开发设计互动性强、体验感好的非遗旅游产品,丰富延展旅游业态,满足游客多样性需求。鼓励旅游演艺创作应用非遗素材,打造旅游文化 IP,支持制作相关非遗导游词、宣传册、宣传视频等,提升旅游目的地吸引力,激发旅游消费活力。

8. 提升体验设施建设水平。积极推进非遗馆建设,打造集项目展陈、数字体验、研学教育、展演传播于一体的非遗展示空间。鼓励各地依托特色非遗项目,建设古琴馆、印刷博物馆等一批非遗专题馆。鼓励社会力量参与非遗传承体验设施建设,聘请传承人作为专(兼)职讲解员,为游客演示、讲解非遗。深入开展无限定空间非遗进景区活动,持续认定省级示范项目。支持有条件的地区和单位申报国家级非遗体验基地、非遗生产性保护示范基地。

9. 加大传播推广力度。利用传统节日、文化和自然遗产日、中国旅游日、国际博物馆日等重要时间节点,通过举办水韵江苏・非遗购物节、大运河文化旅游博览会、省乡村旅游节、省文旅消费推广季、长江文化节等活动,促进非遗与旅游空间、旅游元素有机结合。支持将旅游相关业务、非遗相关内容纳入非遗传承人、旅游从业人员培训范围,提高传承传播非遗的意识和能力。通过"中国非物质文化遗产传承人研修培训计划"加强旅游相关业务知识培训,支持举办文旅融合主题研培班。巩固拓展网站、微信公众号、抖音直播号等网络传播阵地,依托海外中国文化中心、江苏旅游境(涉)外推广中心,适时发布和推介一批非遗与旅游融合发展优秀案例。支持与大运河沿线、长江流域、对口帮扶地区之间的交流合作,共享非遗与旅游融合发展成果。

三、组织保障

(一)加强组织领导。各地文化和旅游行政部门要充分认识非遗与旅游深度融合发展的重要意义,统筹各方力量,鼓励非遗、旅游相关行业协会等社会力量参与,出台扶持非遗与旅游深度融合发展的配套政策措施,形成融合发展合力。

(二)健全工作机制。各地文化和旅游行政部门要成立非遗与旅游深度融合发展工作推进小组,制定落实工作计划,明确各方职责,加强对非遗、旅游融合发展的工作指导和组织协调。鼓励各地结合实际,积极创新实践,建立本地区非遗与旅游融合发展推荐目录。严格落实意识形态工作责任制和安全生产责任,强化监督管理。支持各地加强非遗与旅游融合发展的理论实践研究,通过论坛、研讨、讲座等方式,及时总结交流研究成果和实践经验。

（三）做好总结评估。各地文化和旅游行政部门要及时总结本地区非遗与旅游融合发展工作取得的成效和不足,对在旅游中不当利用非遗项目产品造成不良影响的,地方文化和旅游行政部门要向相关责任主体提出整改意见。省文化和旅游厅将适时组织开展非遗与旅游融合发展的绩效评估,并发布评估报告。

关于建设非遗助力乡村振兴的实施意见

为深入贯彻习近平总书记关于非物质文化遗产（以下简称"非遗"）系统性保护工作重要论述指示精神，认真落实党中央、国务院关于扎实做好巩固拓展脱贫攻坚成果同乡村振兴工作有效衔接决策部署，加强传统手工艺保护、传承和发展，更好助力乡村振兴，根据《文化和旅游部办公厅、人力资源和社会保障部办公厅、国家乡村振兴局综合司关于持续推动非物质文化遗产工坊建设助力乡村振兴的通知》（办非遗发〔2021〕221号）等有关要求，结合我省实际，特提出如下实施意见。

一、总体要求

（一）指导思想。坚持以习近平新时代中国特色社会主义思想为指导，深入贯彻党的二十大精神和省委、省政府部署要求，自觉践行"争当表率、争做示范、走在前列"光荣使命，围绕推进社会主义文化强国先行区建设，充分发挥非物质文化遗产赋能作用，更好助力乡村振兴，服务经济高质量发展和人民高品质生活，为谱写"强富美高"新江苏现代化建设新篇章贡献力量。

（二）发展目标。到2025年，全省建成各类非遗工坊100个。非遗工坊建设机制逐步健全，保护传承体系更加完善，传承人队伍不断壮大，各类传统工艺得到有效保护，发展活力更好彰显。非遗工坊在加强非物质文化遗产保护、激发传承人创业、推动传统工艺创新发展、促进就业增收、助力乡村振兴等方面发挥积极作用，取得显著成效。

二、主要任务

（一）广泛吸纳就业。充分发挥非遗资源和非遗工坊优势，将其作为拓宽就业渠道的重要载体。围绕群众期盼和市场需求，推动非遗保护传承与地方实际有机结合，大力开发手工制作、加工制造等居家就业、灵活就业岗位。聚焦脱贫人口、农村低收入人群等，优先吸纳其到非遗工坊就业，按规定落实社会保险补贴以及地方支持就业帮扶的各项优惠政策。支持非遗工坊培育特色劳务品牌，提升非遗工坊人员就业质量。

（二）培养优秀人才。鼓励依托非遗工坊开展传统工艺类职业技能培训，符合条件的按规定落实相关补贴政策。鼓励有条件的高校面向非遗工坊开展调研、培训、交流活动，支持院校开设非遗工坊带头人培训班。鼓励非遗工坊带头人申报建设各类人才品牌载体，着力把优秀非遗工坊带头人培育成为乡村文化和旅游带头人、乡村振兴技艺师、乡村工匠、非遗代表性传承人以及乡土人才"三带"名人、能手和新秀。

（三）提升创新能力。鼓励非遗工坊创新发展，引入现代科学管理制度，加强研发设计、生产销售，深化产业联动，推出"非遗＋""＋非遗"系列产品。鼓励非遗工坊与非遗创意基地合作开发文创产品、旅游商品，扩大传统工艺应用范围和市场份额。支持非遗工坊运用好著作权、商标权、专利权、地理标志等，加强知识产权保护，培育具有地方特色的非遗工坊知名品牌。

（四）拓宽营销渠道。支持鼓励非遗工坊进旅游景区、进历史文化街区搭建制作体验销售平台。支持非遗工坊积极参与地方文旅宣传推介、展览展销和节庆活动，开展东西部非遗工坊建设相关交流和对口援建活动。支持非遗工坊在非遗购物节、文化旅游博览会、乡村旅游节等活动中专设展区，鼓励非遗工坊与淘宝、京东、抖音等网络销售平台建立长期稳定的合作关系，拓展非遗工坊市场销售空间。

（五）加强宣传推广。借助各类新闻媒体，宣传推广优秀非遗工坊和带头人的先进事迹。支持非遗工坊依托乡村旅游创客基地，培育建设具有地方人文特色的研学旅游项目。组织推荐具有示范引领作用的非遗工坊参评全国非遗工坊典型案例、申报省级非遗工坊。优先推荐符合条件的非遗工坊成为非遗生产性保护示范基地、非遗创意基地或非遗旅游体验基地，给予相关政策扶持。支持非遗工坊建设成绩突出的地区，创建非遗助力乡村振兴试点县和非遗村镇。

三、组织保障

（一）明确职责分工。各级文化和旅游行政部门要牵头做好非遗工坊建设各项工作，组织做好人员培训、产品设计、生产销售、宣传推广等工作，促进非遗保护传承。人力资源和社会保障部门要会同乡村振兴部门为非遗工坊落实相关扶持政策，更好发挥其吸纳带动就业作用。

（二）优化管理服务。文化和旅游、人力资源和社会保障、乡村振兴等部门要建立信息共享机制，优化对非遗工坊建设的管理服务。各级文化和旅游行政部门要会同本级人力资源和社会保障行政部门实时监测非遗工坊存续发展状况,乡村振兴行政部门要及时更新非遗工坊吸纳带动低收入人口就业、监测帮促对象情况。各地文化和旅游行政部门要牵头汇总非遗工坊建设信息,及时报送省文化和旅游厅。

（三）开展检查评估。各级文化和旅游行政部门要会同人力资源和社会保障、乡村振兴部门对非遗工坊建设情况和工作成效进行检查评估。评估应根据评估指标体系,采取实地走访、座谈、问卷调查等多种形式进行,可委托第三方机构组织实施。对建设成绩突出的非遗工坊予以通报表扬,对存在问题不足的非遗工坊要督促整改。

本实施意见自2023年8月1日起施行,有效期至2028年7月31日。

江苏省级非遗工坊申报设立指南

非遗工坊是指依托非遗代表性项目或传统手工艺,开展非遗保护传承,依法注册或登记的经营主体和生产加工点。设立省级非遗工坊,旨在支持培育有一定经营规模的优秀非遗工坊,着力推动非遗创造性转化、创新性发展,让非遗更好融入现代生活,帮助城乡居民通过就近就业增加收入、丰富精神文化生活。

一、主要条件和标准

(一)依托当地1项或多项覆盖面广、适于带动就业、具有市场发展潜力的非物质文化遗产代表性项目开展生产经营。

(二)具备能够开展生产和加工的场地、水电暖、工具设备等条件,有用于技能培训和展示的固定场所(原则上不少于100平方米),有稳定的销售平台和渠道。

(三)有建设、运营非遗工坊的牵头企业、合作社或带头人,稳定运营1年以上,遵守劳动法等法律法规,保障就业者的合法权益,具有相应的管理规范,社会信誉良好。

(四)设立在居民就近就业的乡(镇)、村或社区,提供就业岗位原则上不少于20个,并优先吸纳低收入人口就业。

(五)已由县(市、区)级文化和旅游主管部门会同本级人力资源和社会保障、乡村振兴部门共同认定的县(市、区)级非遗工坊。

二、申报和设立程序

申报设立省级非遗工坊,应当坚持公开、公平、公正原则,采取以下推荐申报程序:

(一)申请。由申报主体提交申报表,并提供相关材料,报送所在县(市、区)级文化和旅游主管部门。

提供材料要求:

1. 申报主体基本情况;
2. 申报主体带头人、非遗代表性传承人情况;
3. 申报主体产品目录及经营情况;

4. 申报主体场地和设备等相关基础资料；

5. 申报主体吸纳就业情况，包括吸纳就业劳动力花名册、合同书或用工协议；

6. 申报主体营业收入、近6个月工资发放基本情况及财务凭证；

7. 涉及非遗项目传承保护情况；

8. 其他佐证资料，包括申报主体营业执照、就业人员保险缴纳凭证等。

（二）审核。县（市、区）级文化和旅游行政部门会同本级人力资源和社会保障、乡村振兴主管部门对申请项目进行材料审核、实地核验和论证遴选，并将遴选结果报设区市文化和旅游行政部门。设区市文化和旅游行政部门会同本级人力资源和社会保障、乡村振兴部门进行材料复核、再次遴选后，向省文化和旅游厅推荐申报。

（三）公示。省文化和旅游厅会同省人力资源和社会保障厅、省乡村振兴局组织开展评审、遴选，对遴选结果进行社会公示，公示期不少于7个工作日。

（四）授牌。经公示无异议的非遗工坊，由省文化和旅游厅会同省人力资源和社会保障厅、省乡村振兴局予以公布并授牌。

三、取消资格

省级非遗工坊有下列情形之一的，应取消资格、予以摘牌，并自撤销命名之日起三年内不得重新申报。

（一）采取弄虚作假、谎报等不正当手段骗取非遗工坊资格。

（二）创作生产违背社会主义核心价值观、侵害公众权益、侵犯知识产权并造成一定后果。

（三）主要负责人有违法犯罪行为受到查处。

（四）停止生产经营一年以上。

（五）因违规行为限期整改达不到要求。

本指南具体条款由省文化和旅游部门负责解释。

江苏省无限定空间非遗进景区
工作指南(试行)

　　无限定空间非遗进景区是指在保护传承非遗资源的基础上,突破时间、空间、形式的限制,在景区内吃、住、行、游、购、娱各环节,植入形式多样的非遗展陈、展示、展演、体验活动,让游客在景区内全程感受、全程共享非遗活态魅力。通过提升非遗项目融入性、增强非遗展示互动性、渲染非遗活动代入感,充分满足游客"求新、求奇、求知、求乐"的旅游愿望,吸引更多人到江苏感受美的风光、美的味道、美的人文、美的生活,收获美的发现。

　　一、拓宽非遗美食体验途径。深入挖掘地方特色非遗美食资源,通过美食文化场景化、制作技艺体验化、产品销售流动化,多角度展示传统美食"烟火气",实现美食文化与景区餐饮服务无缝对接、同"食"共振,让舌尖上的非遗在景区内广泛推介。

　　二、打造非遗特色酒店和民宿。引导景区酒店和民宿在装饰设计、员工服饰、使用器具、背景音乐等方面积极使用非遗产品、植入非遗元素,在住宿设施的公共空间内提供非遗项目技艺展示、曲艺展演等内容,将酒店和民宿打造成独具特色的沉浸式非遗体验地,培育自带流量的夜间文旅消费新热点。

　　三、营造交通非遗体验空间。在景区内接驳车、游船画舫等交通工具上,发放非遗小纪念品或宣传页,通过车载音频、视频系统播放演艺类、民间文学类非遗项目,穿插设置美食品鉴、传统演艺展示等活动,使游客在旅途中全程"浸泡"在非遗情境中,形成对非遗之美、非遗之韵的全面感知。

　　四、推出非遗主题旅游产品。支持景区建设非遗馆、非遗工坊、传承体验中心(所、点)等非遗展示传承体验场所,推动景区以非遗项目为核心整合资源,开辟特色非遗主题游线,通过合理布局,将非遗项目与景点融为一体,让游客穿梭于非遗的"活态"场景中,真正体现"见人见物见生活"。

　　五、增强非遗产品市场吸引力。发挥非遗项目互动性强、参与度高的优势,在景区步道、广场、休息区等景区公共区域,用流动摊位的形式对传统美术、传统技艺等传统工艺类项目进行制作、表演、销售,以无处不在的活态展示带动游客的购买欲;利用非遗资源的独特性和唯一性,将特色鲜明的非遗元素和符号植入景区旅游产品,打造辨识度高、感受度强的景区非遗文创品牌,让人们感兴趣、愿意买,用得上、有回味。

六、创新非遗展示展演方式。根据景区空间特色,融入传统音乐、舞蹈、戏剧、曲艺、杂技等表演艺术类非遗项目以及具有表演性的民俗类非遗项目,通过打造 3D 灯光秀等视听项目、组织非遗艺术展演等,用特色场景吸引游客的"眼";通过打造沉浸式演艺、开发互动式项目等,用新颖体验抓住游客的"心"。

无限定空间非遗进景区工作由省文化和旅游厅牵头组织,各设区市文化广电和旅游局具体实施。各地应依据《江苏省无限定空间非遗进景区示范项目评价指标(试行)》(附件),结合年度省级非遗保护专项资金项目申报,因地制宜推出一批无限定空间非遗进景区试点项目。省文化和旅游厅将根据《评价指标》,适时对无限定空间非遗进景区试点项目建设成果进行评估验收,对特色鲜明、融合发展、成效显著的试点项目,正式认定为江苏省无限定空间非遗进景区示范项目,并予以政策支持、资金扶持、宣传推广,引导和鼓励更多的非遗进景区项目提质增效、争创示范,形成无限定空间非遗进景区的"江苏样板"。

江苏省无限定空间非遗进景区示范项目评价指标(试行)

一级指标	二级指标	分值
拓宽非遗美食体验途径(15分)	1.景区内有集中展示传统美食的空间,相关非遗项目、制作技艺有文字、图片、音频、视频等形式的介绍。	5
	2.景区在重要时间节点(双休日、节假日、节庆日),将传统美食以流动展示、售卖的形式融入景区。	5
	3.创造条件积极展示传统美食的制作技艺,在符合食品卫生要求的前提下,让游客有机会参与制作,提升体验感。	5
打造非遗特色酒店和民宿(15分)	1.景区拥有非遗特色的酒店或民宿,在相关住宿设施的名称和宣传材料中清晰地传达非遗主题。	5
	2.住宿设施在装饰设计、员工服饰、使用器具、背景音乐等方面积极使用非遗产品、植入非遗元素。	5
	3.住宿设施的公共空间内提供非遗制作技艺展示、曲艺展演等内容,店内非遗氛围浓郁。	5
营造交通非遗体验空间(15分)	1.在景区内接驳车、游船画舫等交通工具上,发放非遗小纪念品或宣传页。	5
	2.通过车载音频、视频系统播放演艺类、民间文学类非遗项目,在导览中注入非遗内容,体现非遗特色。	5
	3.在景区内交通工具上,提供美食品鉴、传统演艺展示等服务,增加交通服务附加值。	5

(续表)

一级指标	二级指标	分值
推出非遗主题旅游产品(15分)	1.将非遗元素充分融入景区,使非遗项目与景区其他旅游吸引物融为一体,融合度高、协调性好。	5
	2.在景区内开辟非遗主题游线,内容丰富、布局合理,通过系统的展陈、展示、展演、体验,营造特色鲜明的非遗氛围。	5
	3.在景区宣传材料中有非遗主题线路和产品介绍,为非遗展示点统一制作图文清晰的非遗项目标牌。	5
增强非遗产品市场吸引力(15分)	1.发挥非遗项目互动性强、参与度高的优势,用流动摊点的形式对传统美术、传统技艺等传统工艺类项目进行制作、表演、销售。	5
	2.景区内设有非遗文创商店,在不失其本的基础上,开发、销售特色鲜明、类型丰富、品种多样的非遗文创商品。	5
	3.景区设置线上非遗文创商店,提供预订预购和商品邮寄服务,扩大非遗影响力。	5
创新非遗展示展演方式(18分)	1.景区提供空间,引进传统音乐、舞蹈、戏剧、曲艺、杂技等表演艺术类非遗项目和表演性的民俗类非遗项目的展演活动,全年累计展演场次不少于50场,展演时间不少于6个月。	8
	2.依托适宜的空间和条件,在景区组织街头艺术表演和非遗"快闪"等活动,增强趣味性、互动性和参与性。	5
	3.借助特定的声光电设施,如3D灯光秀、全息投影、水幕电影等,传播展示非遗,丰富游客的游览体验。	5
综合(7分)	景区有国家级、省级非遗代表性项目数量在10个以上(含10个)。	7

(续表)

一级指标	二级指标	分值
加分项（加分后总分不超过100分）	1. 在非遗进景区的内容和形式上，有创新之举。	酌情
	2. 在引进非遗项目中给予优惠政策支持。	
	3. 在重要时间节点举办一定规模非遗活动，有较大影响力。	
	4. 在吃、住、行、游、购、娱某一环节与非遗融合上，特色鲜明，示范作用显著。	

江苏省非遗旅游体验基地认定与管理办法（试行）

第一条　为推动全省非物质文化遗产创造性转化、创新性发展，拓展非物质文化遗产与旅游深度融合发展新路径，根据《中华人民共和国非物质文化遗产法》《江苏省非物质文化遗产保护条例》等法律法规，制定本办法。

第二条　本办法所称江苏省非遗旅游体验基地（以下简称省级非遗旅游体验基地），是指由江苏省文化和旅游厅认定的，在非遗旅游体验项目设计开发、活动开展等方面积极探索、成效显著，在本区域能够发挥示范引领作用的单位。

第三条　设立省级非遗旅游体验基地，旨在依托非遗代表性项目，开发设计互动性强、体验感好的旅游体验产品，不断拓展传播渠道、扩大受众范围、增强可持续发展能力，形成一批可复制、可推广的工作经验和模式，在全省推广。

第四条　省级非遗旅游体验基地的申报，应当坚持公开、公平、公正原则，严格履行申报、审核、评审、公示、认定、公布等程序。

第五条　省级非遗旅游体验基地的申报对象应当符合下列条件：

（一）有国家级或省级非遗代表性项目和代表性传承人入驻，能够集中开展非遗展览、展示、体验活动的非遗场馆（所）、历史文化街区和旅游景点。

（二）面向社会公众规范运营，具备较为完善的旅游基础设施和配套服务，具有固定的非遗展览展示、互动体验场所。

（三）以多种展览陈列形式介绍和传播非遗知识，内容丰富详实。

（四）具备较强设计开发能力，针对不同群体开设多种具有知识性、趣味性的非遗旅游体验项目，对非遗项目核心技艺传承有一定推动作用，在本区域具有示范引领作用。

（五）配备从事非遗旅游体验项目策划和管理的专门人员，有固定经费支持开展非遗旅游体验活动。

（六）长期坚持开展非遗旅游体验活动，活动频次高，受众范围广，对当地文化和旅游融合发展能够起到带动作用。

第六条 凡符合上述条件的单位,均可向所在地设区市文化和旅游主管部门提出申请,并如实提交下列材料:

(一)申请单位名称、联系方式、单位简介等信息;

(二)入驻的非遗代表性项目和代表性传承人情况;

(三)开展非遗旅游体验活动情况及成效;

(四)未来非遗旅游体验活动规划与设想;

(五)近几年获得的主要荣誉;

(六)相关佐证材料。

省属单位申报省级非物质文化遗产旅游体验基地的,可以直接向省文化和旅游厅提交有关申报材料。

第七条 各设区市文化和旅游主管部门收到申报材料后,应进行初审,并按照申报要求提出推荐名单。同时,将有关申报材料报送省文化和旅游厅。省文化和旅游厅对收到的申报材料进行复核。

第八条 省文化和旅游厅组织人员对复核通过的申报单位进行实地考察和评审,按照好中选优、兼顾均衡的原则,提出省级非遗旅游体验基地建议名单,经厅党组会议研究后,确定省级非遗旅游体验基地候选名单。

第九条 省级非遗旅游体验基地候选名单应当向社会公示,公示期为5个工作日。

自然人、法人和非法人组织对省级非遗旅游体验基地候选对象有异议的,可在公示期间以书面形式实名向省文化和旅游厅提出。

第十条 省文化和旅游厅根据公示结果,审定省级非遗旅游体验基地名单,予以公布并授牌。

第十一条 省文化和旅游厅每年组织一次针对省级非遗旅游体验基地的考核评估,对考核评估不合格的单位限期整改,整改期满考核评估仍不合格的,取消其省级非遗旅游体验基地资格,并进行公示。

第十二条 省级非遗旅游体验基地每3年组织一轮认定工作。被认定为省级非遗旅游体验基地的单位命名3年期满后,在自愿的基础上,可以重新申请参加新一轮次省级非遗旅游体验基地的申报。

第十三条 对省级非遗旅游体验基地在纳入江苏旅游线路、申报非遗优秀实践案例及省级非遗专项资金等方面予以倾斜。

第十四条 省文化和旅游厅利用"苏心游"、江苏非遗网、"江苏非遗"微信公众号等平台,对省级非遗旅游体验基地举办的相关非遗活动进行宣传和推广。

第十五条　省文化和旅游厅不定期对省级非遗旅游体验基地有效做法和成功经验进行总结推广,扩大社会影响,充分发挥其示范引领作用。

第十六条　本办法由省文化和旅游厅负责解释。

第十七条　本办法自2020年12月5日起施行。

江苏省非物质文化遗产代表性传承人
认定与管理办法

第一条 为传承和弘扬中华优秀传统文化,充分发挥非物质文化遗产代表性传承人在非物质文化遗产保护工作中的重要作用,根据《中华人民共和国非物质文化遗产法》《江苏省非物质文化遗产保护条例》等有关法律法规,制定本办法。

第二条 本办法所称江苏省非物质文化遗产代表性传承人(以下简称"省级非遗代表性传承人"),是指承担省级非物质文化遗产代表性项目传承责任,在特定领域内具有代表性,并在一定区域内具有较大影响力,经江苏省文化和旅游厅(以下简称"省文化和旅游厅")认定的传承人。

第三条 省级非遗代表性传承人的认定与管理应当立足于完善非物质文化遗产传承体系、增强非物质文化遗产的存续活力、尊重传承人的主体地位和权利、注重社区和群体的认同感,着力培育新生代传承人,逐步形成年龄层次优化、梯次结构合理、覆盖范围广泛、充满传承活力的保护传承群体,促进非物质文化遗产创造性转化、创新性发展。

第四条 省级非遗代表性传承人应当锤炼忠诚、执着、朴实的品格,增强使命和担当意识,提高传承实践能力,在开展传承、传播等活动时遵守宪法和法律法规,遵守社会公德,坚持正确的历史观、国家观、民族观、文化观,铸牢中华民族共同体意识,不得以歪曲、贬损等方式使用非物质文化遗产。

第五条 省文化和旅游厅每五年开展一次省级非遗代表性传承人认定工作。

第六条 省级非遗代表性传承人的认定,坚持公开、公平、公正的原则,严格履行申报、审核、评审、公示、认定、公布等程序。

第七条 省级非遗代表性传承人的申报,应当符合下列条件:

(一)爱国敬业,遵纪守法,诚实守信,德艺双馨;

(二)从事省级非物质文化遗产代表性项目[以江苏省人民政府公布的省级非物质文化遗产代表性项目名录(含扩展项目)为准]的传承实践活动,传承谱

系清晰,具有明确的师承关系;

（三）从事该项非物质文化遗产传承实践20年以上,熟练掌握其传承的非物质文化遗产代表性项目知识和核心技艺;

（四）在所从事的非物质文化遗产相关领域内具有公认的代表性,并在一定区域具有较大影响力;

（五）在该项非物质文化遗产的传承中具有重要作用,能够积极开展传承活动,采取有效模式、多种方式培养后继人才;

（六）积极配合各级文化和旅游行政主管部门开展公益性宣传、展演、展示等活动;

（七）本省居民或在省级非物质文化遗产代表性项目所在地区长期居住和工作,被认定为该项目的设区市级代表性传承人2年(含)以上。

仅从事非物质文化遗产资料搜集、整理和研究的人员不得认定为省级非遗代表性传承人。

第八条　省级非遗代表性传承人的申请,由个人自愿提出,并采取逐级推荐的方式进行。申请人应当向省级非物质文化遗产代表性项目所在地文化和旅游行政主管部门如实提交下列材料:

（一）申请人姓名、年龄、性别、从业时间、被认定为设区市级非物质文化遗产代表性传承人时间等基本情况;

（二）申请人的传承谱系或师承脉络、学习与实践经历;

（三）申请人所掌握的非物质文化遗产技艺特长、成就成果、荣誉奖励及相关证明材料;

（四）申请人授徒传艺、参与社会公益性活动等情况;

（五）申请人持有该项非物质文化遗产的相关实物、资料的情况;

（六）申请人志愿从事非物质文化遗产传承活动,履行代表性传承人相关义务的声明;

（七）其他有助于说明申请人具有代表性和影响力的材料。

省属单位拥有省级非物质文化遗产代表性项目,可以通过其主管部门直接向省文化和旅游厅推荐该项目的省级非物质文化遗产代表性传承人申报人选,并递交有关申报材料。

第九条　申请人所在地文化和旅游行政主管部门收到申请材料后,应当进行初审并逐级上报。

设区市文化和旅游行政主管部门收到申报材料后,应当组织专家进行审核,按照申报要求提出推荐人选,并将有关申报材料报送省文化和旅游厅。

第十条 省文化和旅游厅对收到的申报材料进行复核。符合要求的,进入评审程序;不符合要求的,退回材料并说明理由。

第十一条 省文化和旅游厅应当组织由5名(含)以上专家组成的评审组和评审委员会,对推荐人选进行初评和审议,提出省级非遗代表性传承人推荐人选。

第十二条 省级非遗代表性传承人推荐人选应当向社会公示,公示期为20日。

公民、法人和其他组织对省级非遗代表性传承人推荐人选有异议的,可在公示期间以书面形式实名向省文化和旅游厅提出。

第十三条 省文化和旅游厅根据评审委员会的审议意见和公示结果,审定省级非遗代表性传承人名单,予以公布并颁发证书。

第十四条 省文化和旅游厅建立省级非遗代表性传承人档案,并及时更新相关信息。

档案内容主要包括传承人基本信息、参加学习培训、开展传承活动、参与社会公益性活动情况等。

第十五条 各级文化和旅游行政主管部门根据实际需要,在条件允许的情况下采取下列措施支持省级非遗代表性传承人开展传承、传播等活动:

(一)提供或协调安排必要的传承、传播场所;

(二)支持其开展授徒、传艺、交流等活动;

(三)指导、支持其开展非物质文化遗产记录、整理、建档、研究、出版、展览展示展演等活动;

(四)支持其参加学习、培训;

(五)支持其参与社会公益性活动;

(六)支持其开展非物质文化遗产传承、传播等活动。

对无经济收入来源、生活确有困难并长期坚持开展公益活动的省级非遗代表性传承人,所在地文化和旅游行政主管部门应当协调有关部门积极创造条件,并鼓励社会组织和个人提供资助,保障其基本生活需求。

第十六条 省文化和旅游厅每年根据年度省本级非物质文化遗产保护专项资金安排情况,确定省级非遗代表性传承人补助资金,用于补助省级非物质文化遗产代表性传承人开展传习、传播等工作。

第十七条　省级非遗代表性传承人享有下列权利：

（一）开展知识和技艺传授、艺术创作与生产、展示展演及宣传等活动；

（二）参加教育培训、学术研究及交流等活动；

（三）依规定获得相应补助资金，取得传承、传播工作或者其他活动相应的报酬；

（四）其他与非物质文化遗产保护相关的权利。

第十八条　省级非遗代表性传承人承担下列义务：

（一）积极开展各类传承活动，采取多种形式培养后继人才；

（二）妥善保护、保存所掌握的知识、技艺及有关资料、实物；

（三）积极配合文化和旅游行政主管部门及其他相关部门进行非物质文化遗产调查、记录和研究等工作；

（四）积极参与非物质文化遗产公益性宣传活动；

（五）其他与非物质文化遗产保护相关的义务。

第十九条　省级非遗代表性传承人实行属地管理，每年年初应当明确年度传承计划和具体目标任务，同时对上一年度传承工作绩效和补助资金使用情况进行总结，并向当地文化和旅游行政主管部门提交书面报告。

省文化和旅游厅每两年对省级非遗代表性传承人履行义务情况进行一次评估考核，评估考核结果作为继续享有省级非遗代表性传承人资格及相关权益的主要依据。

对作出重要贡献的省级非遗代表性传承人，文化和旅游行政主管部门应当采取多种形式予以表扬和鼓励。

第二十条　省级非遗代表性传承人因年龄、健康、家庭变故或其他客观原因丧失传承能力的，经本人申请或经设区市文化和旅游行政主管部门核实，报省文化和旅游厅核准，可终止其省级非物质文化遗产代表性传承人资格，由省文化和旅游厅视其贡献情况将其列为荣誉传承人并颁发证书。该项目可重新认定他人为省级非遗代表性传承人。

第二十一条　省级非遗代表性传承人去世后，所在地文化和旅游行政主管部门应及时报省文化和旅游厅备案。各级文化和旅游行政主管部门应采取适当方式表示哀悼，可采用多种形式对其生前在非物质文化遗产传承工作中所作出的突出贡献进行宣传。

第二十二条　省级非遗代表性传承人有下列情形之一的,经核实后,由省文化和旅游厅取消其资格:

(一)丧失中华人民共和国国籍的;

(二)采取弄虚作假等不正当手段取得资格的;

(三)无正当理由不履行义务,传承人履行义务评估不合格,且限期整改仍不合格的;

(四)违反法律法规或违背社会公德,造成重大不良社会影响的;

(五)自愿放弃或者其他应当取消非物质文化遗产代表性传承人资格的情形。

第二十三条　本办法由省文化和旅游厅负责解释。

第二十四条　本办法自2020年9月1日起施行。原江苏省文化厅2006年8月1日发布的《江苏省非物质文化遗产代表性传承人命名与资助暂行办法》同时废止。